靠自己去成功

KAO ZIJI
QU CHENGGONG

[美] 刘墉 / 著

刘墉·青春·修炼·手册

接力出版社
Publishing House

桂图登字：20-2008-168

原出版者：台湾水云斋文化事业有限公司

图书在版编目（CIP）数据

靠自己去成功 /（美）刘墉著. —南宁：接力出版社，2021.7
（刘墉青春修炼手册）
ISBN 978-7-5448-7210-2

Ⅰ.①靠…　Ⅱ.①刘…　Ⅲ.①散文集-美国-现代
Ⅳ.①I712.65

中国版本图书馆CIP数据核字（2021）第117922号

责任编辑：马　婕　陈　楠　刘安莉　　美术编辑：许继云　　封面设计：叶　春
责任校对：高　雅　　责任监印：刘　冬　　版权联络：金贤玲
社长：黄　俭　　总编辑：白　冰
出版发行：接力出版社　　社址：广西南宁市园湖南路9号　　邮编：530022
电话：010-65546561（发行部）　　传真：010-65545210（发行部）
http://www.jielibj.com　　E-mail: jieli@jielibook.com
经销：新华书店　　印制：河北鹏润印刷有限公司
开本：880毫米×1250毫米　1/32　　印张：6.5　　字数：140千字
版次：2021年7月第1版　　印次：2023年6月第3次印刷
印数：15 001—20 000册　　定价：47.00元

质量服务承诺：如发现缺页、错页、倒装等印装质量问题，可直接联系本社调换。
服务电话：010-65545440

Contents
目录

前言

第一章 烦恼

解决烦恼，需要闻过则喜后的努力。

第二章 人生

人生如果是一根平平的线，多没意思。

第三章　读书

读了一本坏书，也就浪费了能读一本好书的时间。

后记

附录

前言

自己去成长·自己去成功

吃完中饭，我照例躺在沙发上看报，一边用眼角余光注意大门，好迎接放学回家的女儿。

但是突然心头一震，今天不用等女儿了，因为前天我已经把她送进离家三百多里的“集中营”。

那不是真的集中营，而是有几十年历史的“草山（Meadow mount）音乐夏令营”。每年暑假，有来自世界各地的年轻人在那儿接受“魔鬼训练”；世界音乐大师伊扎克·帕尔曼（Itzhak Perlman）、马友友、林昭亮和简明彦都是从那里出来的。

音乐夏令营占地八十多万平方米，其中散布着由马厩改装成的一栋栋宿舍。屋顶是铁皮的，由于马厩原本不高，硬改成两层，所以伸手就能摸到天花板，加上窗子小得出奇，房间又只容转身，可想而知，夏天大太阳一晒，会有多热。更可怕的是营里的规矩——

早上七点舍监就会像“狱卒”般一间间敲门，不到学生开门出来不停止；七点半得走到一百多米外的餐厅吃饭；八点半必须准时回到自己的小房间开始练琴。

舍监会在走廊里巡查，哪一间没有传出琴声就敲门警告；再不动，则“记点”——只要被记两点，周末就禁足。

我实在搞不懂，我那娇生惯养、自以为是小公主的女儿，为什么非要进去不可。

入营之前，我一次又一次问她：“是不是算了？暑假在家多舒服，何必去受苦？整整七个礼拜不能回家，平常不准家人探视，电话不通，连电脑都不准带，想家都没法说，多可怜哪！”

女儿却想都没想就一扭头：“我要去！”

入营的那天，三十五摄氏度，我偷偷溜进她的房间瞥了一眼，就热得满身大汗。出来，我又问她是不是回家算了，她还是扭头说：“不回家。”

我们离开的时候，女儿正排队交体检表格，直挥手叫我们走。我偷偷看她有没有哭，她居然眼眶都没红，还直说好兴奋。

上了车，慢慢驶离校园，我一直回头，但是那个号称舍不得爸爸妈妈的宝贝女儿，居然背对着我们。

在美国其实有很多这样的“集中营”，有音乐的、体育的，也有文学的、科学的。偏偏“一个愿打、一个愿挨”，就有那么多年轻人，想尽办法进去接受“虐待”。

女儿入营这件事，让我常想“女大不中留”。同样“儿大不中留”，当年儿子入哈佛，送他去，我走的时候直掉眼泪，他不是也没“目送”我离开吗?

他们那么无情，是因为离开父母兴奋，还是因为眼前有太多要面对的挑战，“受苦的人没有悲观的权利”？

如同我当年，把家一搁，只身来了美国。在机场，连学生都哭，我却没掉眼泪，因为前面的苦难是我要独自承担的。他们还留在家里，过平静的生活，我却成了漂泊者。

但是，为什么每个年轻人都要漂泊，都梦想做异乡人，都觉得孤危是一种酷？这是不是一种天生的冲力?

是这冲力，使人类的祖先能由最早的非洲走出来，走到全世界，甚至登上月球，相信有一天会到达火星。

也是这冲力，使一个个王子和公主走出父王的城堡，不理会父母的呼喊，硬是跳上马，绝尘而去。

我常想——

父母要留，孩子要走；父母要为他们做主，他们偏偏不听。这表示他们有年轻人的想法，还是该称为反叛？

一个“乖乖牌”，父母说什么是什么，好好走大人铺好的路、接家里的事业，做个“孝”而且“顺”的孩子，是不是就好？

我也常想——

如果我是比尔·盖茨的爸爸，知道儿子居然大二要从哈佛辍学，我会不会支持他？如果我是李安的父亲，知道儿子居然要去搞电影，我又会不会阻止？如果我阻止了，还会不会有今天的微软总裁比尔·盖茨和大导演李安？

是不是因为孩子年轻，我们就应该让他走出去，找他所想找的东西，让他们自己去发现？而不是没等他找，就把盖子打开说：

“来！这就是你要找的东西。”

儿子小时候，我曾经有一段时间扮演强权，什么都帮他安排好。

但是经历了这么多年，看了美国的“自由经济”与“民主精神”，我发觉每个人都有他的特质、他的优点，以及他走出去自己闯天下、自己去受苦的本能。

最好的教育是让他们这些长处获得充分的发挥。

这本书就是我新教育观下的产物，表面上它与传统教育一样，但潜在的主张是“自由教育”。

我知道，许多的家长都逼孩子。我没有唱反调，叫孩子不努力，而是教他们“成功要自己去成功，如同成长要自己去成长”。让他们自己逼自己，而非做个没有电瓶的车子，只等父母师长在后面推。

这两天，每次走过女儿的房间，看到她的公主床，我都想掉眼泪。但我知道自己两尺半的胳臂，已经留不住她人生千万里的行程。

我甚至想，如果每个学校都能像草山“集中营”那样，没有铁丝网、不逼孩子进去，孩子们却都想尽办法考进去，甘心乐意地接受严格的训练，那该多好！

第一章 烦恼

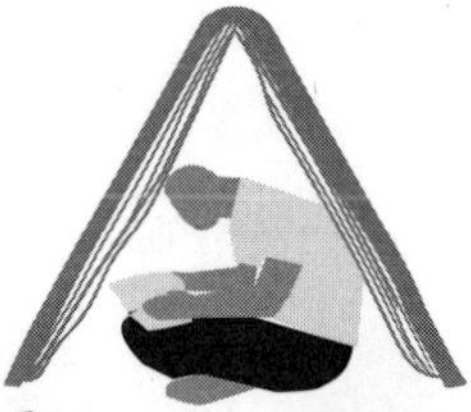

解决烦恼，需要闻过则喜后的努力。

刘墉青春修炼手册

睡眠
谁不希望睡到自然醒

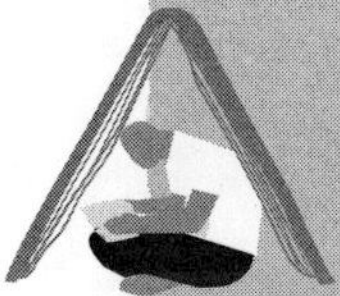

你要用时间的紧迫逼自己有更高的效率，而非用恶性循环的拖延，使自己损失睡眠与健康。

早上七点，你妈妈的闹钟响，把我吵醒了，可是见她瞥了一眼闹钟，继续睡，我猜一定时间还多，就没吭声。直到过了半个钟头，还不见她起床，才推她，问她要几点起，你妈妈醒过来，看看钟，立刻跳了起来，说：“糟了！怎么没听见闹钟响呢？”当时已经七点半了，而你必须七点五十分到校。

看你妈妈急着去浴室梳洗，我就先跑到你房间看，想你一定早准备好了。没想到，你也还在被窝里。我问你为什么还不起床，你说马上会起，我又说已经七点半都过了，你就哇的一声立刻坐起来，一边匆匆忙忙穿衣服，一边怪妈妈为什么没叫你——你自己又为什么把闹钟按了下去？

看你抓了一根香蕉，头发都没来得及扎，就匆匆忙忙地跟妈妈出去，我觉得有必要跟你谈谈你的睡眠规划。

最近常听你抱怨睡眠不足，怪学校功课太多，有一堆考试，又怪自己为什么总需要睡八个小时才够，还说羡慕那些一天只睡五六个钟头的同学。

其实你不必为自己睡得多而自责，因为你正处在成长期，青春期的孩子本来就需要较多的睡眠。生长激素多半在睡觉的时候分泌，所以如果你睡不好，就容易影响发育。

而那些已经发育完全的大孩子，就不必有太多睡眠了。我最近看到一个统计，说美国高中生一般只睡六个钟头，回想你哥哥高中时甚至一天还睡不到五个钟头，他们照样发育得很好，可见当你度过这个“急速的成长期”，自然就不会那么爱睡了。

由此可知，而今你睡下去就起不来，不一定是因为懒，而是由于生理需要。所以我建议你检讨一下，能不能在“醒着的时候”快一点，使自己能早点上床，而非 cut（削减）你的睡眠时间。

每个人都会拖——

一生有一生的拖，中国人常讲“少壮不努力，老大徒伤悲”，那是拖了少年时。

相同地，一个月又有一个月的拖，你不是每到学期结束前，就特别忙吗？那是因为前面大半个学期都比较放松，造成功课的堆积。

往再小的地方看，其实一天也有一天的拖。

举个例子，你因为参加学校社团活动，六点多才到家，先坐在沙发上看电视卡通，接着去吃饭，吃完饭看你进房间了，我有事要问你，原以为你在做功课，却发现你躺在床上睡着了，醒过来之后，又坐在那里发愣，还怪自己爱睡觉，直发脾气。

好！让我们回头算一算：你刚回家时看电视花了多少时间？吃完饭打盹儿用了多少时间？打开书包，一边懒洋洋地拿出书本，一边开电脑看信箱又花了多少时间？

如果你把这些时间浓缩一下，进门先把书包里的东西拿出来，看看有多少功课，心里有个计划，同时看你的邮件。然后一边吃饭，一边看看电视，吃完饭赶紧上网查资料，开始写报告。你会拖到一点多才睡觉吗？

所以，总要拖到很晚才上床的人，常不是时间真不够用，而是由于前面拖了。

人很妙。你会发现考试之前，读书特别专心；你也会发现，如果一天有五样作业，你做第一样花一个半小时，第二样花一个小时，第三样花五十分钟，第四样花四十分钟，等你做第五样的时候，看看时间，已经很晚了，极可能只花二十分钟就完成了。

但是相反地，同样的功课，你倒着来——先做第五样，再做第四样、第三样……那第五样可能就花你一个多小时，第一样却反而只花三十分钟。

这也是因为心情的轻松而造成拖。那拖你不一定明显感觉到，只有当你细细比较之后才会发现。

沿着这个思路想下去，如果你从一开始，就以“当时已经深夜十二点”的心情去面对，会不会就能效率特佳，省下不少时间呢？

我也曾经以一个中学生做实验。

他的功课比你还忙，每天觉都不够睡，所以回家也常躺在沙发上就睡着了，被拉起来之后，也常要发呆个半天才能进入学习状态。

他妈妈来找我谈，说孩子总睡不够，如果不先小睡一下，读书的效果很差；先让孩子睡一阵，又会因为开始得太晚，拖到很迟才能上床。

我就建议她为孩子做个统计："你试试看，孩子一进门就让他先睡个觉，然后起来吃饭，再做功课，会造成几点上床？相对地，你不准他先睡，叫他早早就开始做功课，又会几点钟上床？"

你猜结果是什么？

结果是：她如果先让孩子睡九十分钟，孩子是一点上床；她如果不让孩子先睡，孩子是十二点半上床。

前面睡了九十分钟，才迟了半个小时睡觉，我请问你，那多出来的一个钟头跑到哪里去了？

相信你一定猜得出，因为拖掉了。

当那孩子发现时间还多的时候，就慢慢做。反不如在先睡了一觉，"起步"晚，时间已经不早，心情紧张的状况下，来得注意力集中。

而且，你知道吗——

因为那孩子先睡了九十分钟，不但加起来的睡眠时间比较多，而且因为精神好、头脑清楚，反比不先睡一下、十二点半上床的成绩进步快。

孩子！随着你升入高年级，会愈来愈觉得时间不够用，而不得不减少你的睡眠，如果你还希望睡得饱饱的，恐怕也得为自己做个睡眠和工作规划了。

你要用时间的紧迫逼自己有更高的效率，而非用恶性循环的拖延，使自己损失睡眠与健康。

注：

如果希望“小睡”能有“大睡”的效果，最好能一次睡六十到九十分钟。

据美国《世界日报》的综合报道，由哈佛大学莎拉·梅德尼克教授领导几位心理学家测试发现，午睡一小时至九十分钟之后的视觉学习能力比不睡者高许多。

那份刊登在《自然神经科学》期刊上的分析报告中也提出，午睡的好处只有经历“慢波睡眠”和“快速动眼期”（简称REM期，做梦时眼睛不断在眼皮下转动的那段时间）的人才能享受到。因为这两种睡眠可以提神醒脑，并且有助于处理新学到的技能与资讯。

研究报告甚至说：“从行为改善的角度来看，午睡在直觉印象的学习上，跟晚上一夜安枕同样有用。”午睡也使晚上睡眠的效果提高。实验显示，第一天有午睡的受试者在二十四小时之后的记忆力，比没午睡的人强百分之五十。

此外，根据许多睡眠专家的研究可以知道，“快速动眼期”有非常好的消除紧张及增强睡眠之前学习效果的好处。在REM期被叫醒，也比在REM期之前的深睡期容易得多。

而REM期一般都在入眠后六十到九十分钟出现，所以如果可能，小睡最好能长达九十分钟。孩子放学回家，假使非常疲倦，让他睡九十分钟，要比只睡二十分钟的效果好得多。

此外，应该利用REM期增强记忆的好处，譬如在睡前看一下书，或背一段课文，接着去睡九十分钟，起床后再回想睡前读的东西或复习一遍，就可能有事半功倍之效。

自卫
小心怪叔叔

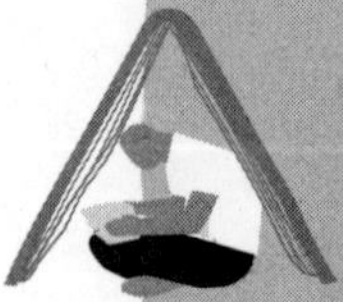

那学生吓得脸色惨白，跪在地上求饶，不但掏出身上所有的钱，还向同学们借了许多，去贿赂官员，才终于被释放……孩子，这世界上有许多陷阱，利用你的同情心、好奇心、贪心，甚至“顽皮心”，叫你跳下去。

一个学生逛完商场，刚要出门，突然有个女人，匆匆忙忙地跑来对她说：“我的肚子痛，必须上厕所，可是我跟我先生约好，他就在门口的一辆白色的车子上等我，能不能麻烦您，告诉我先生一声！”说完塞了两包东西给她，“这也麻烦您交给他！”

学生还没走出门，就被商场的警卫抓住。她抱着两包没有付钱的贵重商品，吓得呆呆地站在那儿，因为人赃俱获而百口莫辩。至于那先前说肚子痛的妇人和所谓的白色车子，则消失了踪影。

“这会是真的吗？”你拿着《超越自己》上的故事来问我。

“当然是真的，而且就发生在我学生的身上。”我说。

“那学生后来怎么样了呢？”你又问。

“被带到了警察局，而且留下了偷窃的案底，只怕一辈子都洗不清。”

你听了，瞪大眼睛耸耸肩说：“好可怕！帮助别人怎么还会这么危险？”

孩子，这世界上确实是充满危险的。你没看报上常登，有人装作向女学生问路，请求女学生带他去，再到阴暗无人的角落，露出狰狞的面目吗？

你没看到报上常登，有人在荒郊野外，把车子的引擎盖打开来，装作抛锚，拦车请人援助，再在那人伸头去看引擎时把人打晕，下手抢劫吗？

你没看见报上总是刊登神职人员性侵犯幼童的新闻吗？那些被侵害的孩子甚至要等十几年甚至几十年之后才敢出来指认。

孩子！你要知道，狼固然可怕，但是披着羊皮的狼更可怕。偏偏那些披羊皮的狼，看起来常是比较文弱、比较没有侵略性，也比较不会让你戒备的人。

他们就好像老虎。据印度调查，跑到村落里吃人的老虎多半是老而有病的，它们没有能力在山里猎捕野兽，只好跑到村子里偷牲口、伤人。

所以，愈是看起来不会侵犯你的，甚至看起来和蔼可亲的人，当他的举止怪异时，你愈要小心。

或许你已经不记得了——你三岁的时候，有一次手脱臼，当爸爸妈妈带你去看骨科医生的时候，他除了检查你的关节、照X光，后来居然要检查你的下体。

爸爸当时很不解地问："为什么？"医生笑笑，说："这是美国政府的规定，怕小孩受伤是受到侵犯时挣扎造成的。"

还有一件事，相信你也不记得了——当你小时候，每次旅行都背着一个小背包，我每天都会检查那背包，尤其在要上飞机、过海关之前，必定把你的背包检查一遍，然后扣好。

这是因为许多走私的人，会趁大人不注意，把毒品放在小孩的背包里。海关人员通常不会注意小孩，于是在“过关”之后，那些人再从小孩背包里把东西拿回去。

我曾经亲眼看见在机场外，一位母亲大声骂一个她不认识的女人，为什么从她小孩的背包里偷东西。

“那是我的！暂时放她那里一下。”那女人一边喊，一边跑开。

我今天还画了一个旅行箱上的标签给你看，那是因为你听不懂我说的那种“有盖子的识别标签”。

我一边画一边告诉你，许多人旅行的时候在箱子上挂个很大的牌子，上面写着姓名、住址、电话，以为很聪明，岂知许多歹徒就利用了这一点。

他们在机场记下牌子上的资料，立刻跑到那旅行者的家里，说路上出了车祸，知道是那家的人，然后借口要找吊车和上医院，向家属骗钱。

这时候，家属如果不查，或拨手机问旅行的人，旅行的人又已经上飞机，无法接听，家人在惊慌失措的情况下，常常就上了大当。

所以我对你说，以后旅行箱上最好挂那种有盖子的会遮住姓名、地址、电话的牌子。即使没有，也要把字写小一点，免得被人一眼看清。我们甚至跟你约定“暗号”，任何人说是爸爸妈妈请他带你去，一定要报出“暗号”，你才能信。

最后，让我再说个故事给你听。

有一群高中生，到某落后国家旅行，进入一个古迹，看见墙边堆了成千上万个“釉彩小泥人”，觉得好可爱。四周看看，没有管理员，也没摄像机，有个学生就偷拿了一个“纪念品”。

岂知当他出海关的时候，行李才过X光机，就被抓了。

行李检查员一伸手，准确地拿出里面的小泥人，接着冲来好几个荷枪实弹的军警，把偷小泥人的学生架走。

“偷文化古物是要判死刑的！”军警用枪指着学生吼，“你要怎么赔偿？”

那学生吓得脸色惨白，跪在地上求饶，不但

掏出身上所有的钱，还向同学们借了许多，去贿赂官员，才终于被释放。

当他走出审问室时，却发现一个警卫正把那小泥人扔进纸箱子。

箱子里居然有一堆一模一样的小泥人。

这个故事，是我从导游那儿听来的，据说那小泥人都是复制品，而且都含铅，对X光特别敏感。那个国家不晓得用这种方法吓破了多少观光游客的胆，罚了多少观光客的钱。

你或许要说他们好奸诈，对不对？

但我问你，那学生是不是偷了东西？

孩子，这世界上有许多陷阱，利用你的同情心、好奇心、贪心，甚至“顽皮心”，叫你跳下去。也就不知有多少人，因为一时的糊涂，毁了自己的半生。

你很快就要去毕业旅行了，我说这么多，希望对你有一点帮助。

独立
做自己的主人

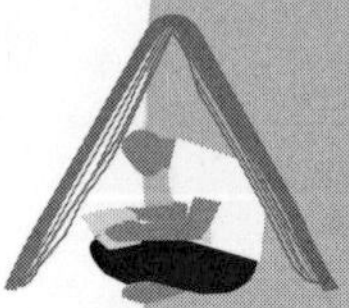

外面有人按铃，你不能只会喊爸爸妈妈去开门，而要自己去应对……有人打电话来，你得小心记下对方的名字、电话……你的眼睛会愈来愈亮，既有女孩子的温柔，又有女主人的威仪。你说，你不是应该很得意吗？

我由亚洲回来，带给你一些读者送的小礼物。

“好漂亮哟！”你看到一个贵州女孩送的剪纸，大声叫着。

“这个也很有意思！他们怎么会想到用压花的方法

呢？”你又拿着一个山西女孩送的书签说。

听你这么讲，我好高兴，心想那位读者真是送到你心坎上了。可是一转眼，你上楼了，剪纸和书签全留在茶几上。我想你是忘了拿，没想到，隔天、再隔天，那些东西还留在楼下。提醒了你两次，也不见你行动。

“你不要了吗？”我问你。

“我要！”你说。

可是，东西还留在茶几上。

我在阳台种花，顺便到你的浴室洗手，看见你把隐形眼镜盒、牙刷、牙膏和漱口杯放得整整齐齐。可是突然觉得脚底下踩到什么东西，低头看，原来是你的内裤。

“你为什么内裤都不收好呢？”你放学，我问你。

“因为要洗了。”

“要洗了，为什么不放到洗衣篮子里呢？”

“我没有洗衣篮，而且妈妈会收的。”你理直气壮地说。

我在写文章，电话响，来电显示是王妈妈，我想你一定会接，因为你知道王妈妈正为你约一个伴奏碰面。

可是电话一直响，你都没接，最后我只好接起来，文思却因此被打断，好久才能恢复。

“你为什么不接电话呢？”我写完文章，出来问你。

“我以为你会接。”你居然不以为然地说，“而且你不接也会上答录机，妈妈自然会听。”好像很有道理的样子。

孩子，我不能不说你了。

你知道美国法律为什么规定十三岁以上的小孩可以独自在家，甚至可以出去做 baby-sitter（代看孩子的人）吗？

那表示，十三岁以上的孩子不但可以照顾自己、照顾家，甚至可以照顾别人。

你已经十四岁，早应该学会独立了。

独立，第一件事就是要对自己负责，不能再像小孩子，什么事都交给父母。

你有你自己的房间、自己的书桌，既然那些书签和剪纸是送给你的，你又已经收下，就应该拿到你的房间去，从此成为那些东西的主人；就算家里只有你一个孩子，也不能把每个角落都看成是你的地盘，或等着我们把东西放到你桌上。

独立也表示你长大了，有了私生活，不能像小娃娃一样乱丢内衣，或光着身子乱跑。早上起来，你要知道梳好头再出房间，就算假日，也不适合到下午还穿着睡衣。

你甚至应该学会在洗澡的时候自己洗内裤，那是女孩子贴身的衣物，要特别干净、特别隐私。所以，不但中国人避免把内裤挂在外面，连西方社会也视此为禁忌。

你想想，如果有一天，家里来了客人，进楼上浴室，发现你的三角裤扔在地上，人家会怎么想？

人家可能说我们把你惯坏了，也可能说你缺乏教养。

我甚至要跟你讲，你把牙刷牙膏排列在洗手台上，固然很整齐，但也不全对。

为什么？

因为那是属于大家的地方，虽然百分之九十的时间由你一人使用，你也要考虑剩下的百分之十，如果台子全被你占了，别人还用什么呢？要不是我小小心心，能不弄倒你立着的电动牙刷吗？

如果我不小心，碰倒了，又不巧，滚进了马桶，怎么办？

最后，我要说，独立是你要独自面对问题。

外面有人按铃，你不能只会喊爸爸妈妈去开门，而要自己去应对；电话推销来了，你不能把话筒丢给父母，而应该自己去应付；下起倾盆大雨，你发现阳台积水了，父母又不在家，你得冒雨出去，把堆在排水口的朽叶抓起来扔掉；

有人打电话来，你得小心记下对方的名字、电话，如果对方要你转告事情，你得立刻写下来，而且在我们一进门的时候就说。

孩子！听我数落你这么多，你非但不必不高兴，还应该高兴呢！因为那表示你真的长大了，不再是躺在我肚皮上睡觉的小猫和坐在我腿上“骑大马”的小女孩。

你已经成为我们家的小小女主人，只要爸爸妈妈不在，你就成为独当一面的户主了。你要帮外公外婆翻译、叫计程车、接电话，甚至监督园丁剪草修树。

你的眼睛会愈来愈亮，既有女孩子的温柔，又有女主人的威仪。

你说，你不是应该很得意吗？

谨慎
当习惯成了自然

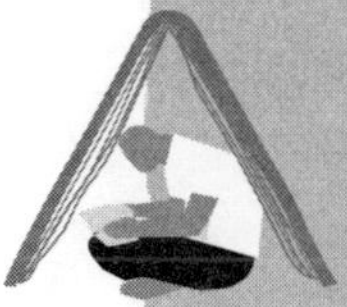

这时候，他才想起，妈妈不是叫他看弟弟吗？他怎么都没想到，就在妈妈接电话、他离开家的那么一点时间里，他年幼的弟弟已经淹死在浴缸里了。

真是好险，妈妈和爸爸出去的时候，差点出车祸。

那时，妈妈由咱们家的车道开进大马路，她只顾左转，没想到右边正有辆计程车快速开过来。幸亏爸爸看到了，及时提醒妈妈踩刹车，那白色的计程车才擦身而过。

愈是在习惯的地方，愈容易疏忽。这种在自家门前出车祸的事，我真是见多了——

几十年前，我才来美国，住在弗吉尼亚州一个教授家里，有一天朋友来访，决定一起出去看电影。岂知才出门，教授的车就拦腰撞上了来访朋友的车，原因是他只顾习惯性地倒车，却忘了朋友的车正停在车道上。

还有个车祸是听为我们装修的小李叔叔讲的。他说有一家人翻修浴室，特别请他申请了一个装垃圾的车斗。车斗到的第二天早上，那家主人照例开车上班，才倒车出去，就狠狠撞上了车斗，把车尾巴都撞烂了。

小李叔叔还说，到人家里做工最要小心了，绝对不能蹲在车房外面和院子转弯的地方工作，因为每家人都习惯倒车出车库和从外面开车转进自己的院子。这条路屋主闭着眼睛都能开，所以当他突然看到工人的时候，常常已经撞上了。他还说，有好几个搞装修的朋友都因为没注意而受了伤。

我们常说“习惯成自然”，许多做过千百次的动作，都会成为习惯动作。

举个例子，如果你每天进房间，都伸手到墙上拨电灯开关，有一天你回家，打开门，灯虽然是亮的，你还是会伸手往墙上摸，对不对？

但是你也要知道，习惯动作也常使你忘记用脑而铸成大错。譬如有一天，你开门，嗅到屋子里有浓浓的煤气味，明明知道开灯可能引爆煤气，但是想到时，手却可能已经拨了开关。

这也是我为什么每次到学校接你，带你走过草坪、穿越停车场的时候，都叮嘱你，要看清楚左右，确定没有来车的时候再走。

因为很少有人走学校的侧门，也很少有人从草坪那边走上车道，那些开车的人已经习惯每天快速地倒车开车。他们急着去接子女，你又急着回家，这些急切的心和习惯的动作反而成为最危险的事。

最后让我说两个真实故事给你听吧——

有个年轻妈妈带着新生的娃娃去超级市场。

买完东西，她先把放娃娃的篮子搁在车顶上，再把买好的东西放进后车厢，然后开车回家。

车子直接上了高速公路，突然四周的车子都对她按喇叭，她先是觉得奇怪，看四周门都关得好好的，大家为什么急成那样？接着，才想到她带了娃娃出门，娃娃在哪里？

天哪！娃娃还在车顶上！所幸路上平稳，那装娃娃的竹篮子居然没掉下来。

另一个家庭就没那么幸运了——

有个十三四岁的男生，每天下午做完功课都跟同学出去打网球。

网球场远，由同学的爸爸开车，每次都是车到门口，再用手机打电话叫他出去。

这一天，他妈妈正给他的小弟弟洗澡，突然有电话来，他去接，是妈妈的，就叫妈妈。

妈妈说小弟弟在浴缸里，你帮我看一下，于是出去接电话。他才要进浴室，却听见敲门声，是来接他打球的同学，因为电话打不进来而在外面叫他。

他就像往常一样拿起球拍和球袋出门。

岂知当他打完球，回到家，家里空无一人，邻居过来说他妈妈送他弟弟去了医院。

这时候，他才想起，妈妈不是叫他看弟弟吗？

他怎么都没想到，就在妈妈接电话、他离开家的那么一点时间里，他年幼的弟弟已经淹死在浴缸里了。

你想想，上面两个意外都是怎么造成的？

都是因为习惯啊！

去超级市场的妈妈，太习惯买完东西往车厢一放就开车回家的动作，小男孩又习惯每天听到召唤就拿起球具跳上车的动作，他们却都忘了“那天不一样”！

孩子！你十四岁了，也就累积了十四年的习惯动作，你的功课愈来愈多、心事愈来愈多，也就更容易分神。这也是我由今天下午的惊恐中发现，不能不叮嘱自己，也叮嘱你“愈在熟悉的地方，愈要谨慎”的原因。

师生
恨老师

如果你的学习完全取决于对老师是不是有好感，不是太可悲了吗？学习是你自己的事，不是你“秀”给老师看的，也不是专用来“报答”老师或“报复”老师的；就算老师对你印象坏透了，你还是应该努力学习，甚至说你更应该加倍用功，证实自己的好给老师看才对啊！

你放学进门，我问你，在学校开心吗？你说开心，但是语气不像往常那么热烈。接着听见你到厨房跟妈妈说话，不断地讲“I hate... I hate...”(我恨……我恨……)。

我就跟过去问你恨什么，你先不搭腔，还是妈妈说话了：

“她不喜欢体育老师。”

接着你就发起脾气，重重地跺脚，说你恨体育老师。

“学生恨老师，叫老师听到了怎么办？”我说。

“听到就听到！我们每个同学都有痛恨的老师，大家在走廊里都大声讲。”

“你为什么恨体育老师呢？”我又问。

“因为他太凶，又总是把球直接丢给我，我怕打到眼睛，就接不到。”

我笑了起来：“那么应该怎么丢球呢？”

“应该先扔在地上，让球弹起来，不要直接扔过来。”

天哪！孩子，这是我第一次听说因为老师丢球不合意而恨老师的。但是当我问有没有同学喜欢这老师的时候，你又说有，是那些体育特别好的，老师都对他们另眼相看。接着你又自言自语地说，在音乐课上，老师都对你特别好，你喜欢音乐老师。

这下子我懂了！你不喜欢体育老师是因为老师没给你特殊待遇。

问题是，你的体育好吗？如果你不好，老师为什么要对你特别？如果你在体育课上像在交响乐团里，是“首席第一小提琴手”，老师又能不对你刮目相看吗？

还有，你会不会因为老师没有特别重视你，因为你不喜欢他，就愈不好好表现、愈不跟老师合作，结果恶性循环，老师就愈不喜欢你了呢？

孩子！每个人都希望得到别人的重视，但是那“得到”应该是“赢得”，而不是莫名其妙地硬要别人对你刮目相看。

我小时候也曾经犯过同样的错误。那时刚升上六年级，美术课由个新来的年轻老师教。他不知道我是班上画得最好的，没对我特别礼遇，我当时想：天哪！我这么棒，你为什么没发现？还说我这里不对那里不对。

于是我也恨那老师，对那老师消极抵抗。

结果，你知道吗，我居然是班上唯一一个因为不好好做作业而被美术老师打手心的学生。一直到今天，我都能记得，伸直了手，被处罚时，全班同学惊讶的眼光。

而且，那一年也是我一生中美术成绩最差，又进步最少的一年。

你说，这种敌视老师的态度，有什么好？

因为对老师反感而成绩一落千丈的例子真是太多了。

我以前在台北的“青少年咨商中心”，常有学生来，说他们讨厌老师，所以退步。

妙的是，那些学生往往在前一年，就像我小学五年级时一样，是表现最杰出的。他们在上一学年表现杰出，得到老师的青睐，就想下一年也一样做个“特权学生”。当下一年的老师没对他特别好的时候，他就觉得被冷落，由恨老师到消极抵抗、不用功。

当然，也有相反的情况——

有个学生在上学年成绩很烂，下学年，他的导师是他妈妈的好朋友，对他多些关注，他又为了面子而特别努力，居然能由班上的中间排名一下子跳到前几名。可见“老师的印象”会对学习产生多大的影响。

只是，如果你的学习完全取决于对老师是不是有好感，不是太可悲了吗？

学习是你自己的事，不是你“秀”给老师看的，也不是专用来“报答”老师或“报复”老师的；就算老师对你印象坏透了，你还是应该努力学习，甚至说你更应该加倍用功，证实自己的好给老师看才对啊！

最后，让我说个故事给你听——

有个学生，不喜欢英文老师，到处说他恨英文课、恨那老师。

他消极学习，当然成绩不好，那英文老师对他愈头痛，总责骂他，他也就愈恨老师。

有一天，学生的爸爸听到儿子又说恨老师，就问："你的英文好吗？"

"不好。"

"怪不得你恨老师，因为你学不好，所以用恨老师来做借口。"学生的爸爸说，"你可以恨他，但是你要英文特棒，说他讨厌才有人听，否则人家只会说你是酸葡萄，对不对？"接着问儿子，"爸爸给你找个家教，专教你英文，把你教得棒透了，气气那老师好不好？"

孩子听听有理，就特别用功地学英文，成绩也直线上升。

学期结束，那父亲又问孩子："你现在英文棒了，可以去狠狠地批评英文老师了，你甚至可以去校长那儿告他教得不好了。"

没想到，他儿子一笑：

“爸爸！我不但不恨那老师，反而喜欢他了，因为他对我愈来愈好，昨天还把我叫起来夸赞呢！”

好！我的故事说完了。

你明天要不要跟我去打网球？你要不要跟我玩丢球？

不过我先跟你说好哟，我的球也是直接丢给你，不会先扔在地上再弹到你的面前！

失败
向前走　别回头

失败的时候，你可以坐在地上，回头看害你跌倒的坑洞，检讨自己为什么失败，你也可以伤心、落泪，但是应该一边擦眼泪，一边站起身，准备再一次向前冲。

我们去杰克叔叔家，拿他拷贝的光盘，那是妈妈为你录像，再请杰克叔叔用电脑制作的。

一进门，杰克叔叔就秀给你看，他怎样把杂音消除，又校正了钢琴伴奏的一个音，还问你要不要用电脑把节奏调快一点，表现更好的小提琴技巧。

你断然说不要，因为那是欺骗，你要靠实力被录取，而不是制作一个假的演奏光盘送审。

于是杰克叔叔把他拷贝好的光盘播放出来。你坐在那儿，侧着头专心听。妈妈和乔伊阿姨、杰克叔叔在厨房聊天，我则坐在客厅陪你。看你一边听，一边不断露出惊讶的表情，还歪着头，做出不解的样子。你听了一遍又一遍，脸色也愈来愈不对劲，终于开口了："为什么强音都不见了，弱音又变得那么强？我拉的真是这样吗？"

但是杰克叔叔把你原来的录像带放出来时，效果也差不多。

才出门，坐上车，我从后视镜里就看得出，你的眼眶红了，一个劲儿自言自语地说"原来我拉得那么烂"，又说"一定就如同杰克叔叔说的，是因为妈妈录像时太靠近，录像机又不够好，才会变成那个样子"。

孩子，看你失望的样子，我也好伤心，但小提琴是你在拉，我也没办法。如同你去参加"草山音乐夏令营"的选拔，那是公平竞争，我只能暗暗祝福你。

但是，我要对你说说我自己的经验。

我学生时代画画，常常画出来的跟事先想象的差太多，就怨自己失常，再重画一张。可是画完后把两张比比看，发现还不如第一张好，甚至再画第三张，偏偏第三张也不及第一张。

但是，当我经过一年半载，再重画的时候就不一样了，许多前面没办法克服的问题，突然都被解决了。

你说这是为什么？

因为进步了！在这段时间，我继续学习，虽然没有不断重复那张失败的作品，但是因为整个程度提高，再动笔的时候，自然就不一样。

同样的道理，你以为你如果再请钢琴师来一趟，再花半天时间录音，就一定有大的进步吗？

错了！你可能改得了小地方，但是整个程度是不可能改变的。所以，你与其一直自责“没录好”，不如想因为“没学好”；与其重新录音，不如向前学习。

中国人常说“闻过则喜”，意思是听到自己有过失就高兴。这话好像有点滑稽，但有它的大道理。你想想，如果今天发现了自己的错误，能立刻改进，不是比“不知错、不能改”要好得多吗？

你今天正应该闻过则喜，因为过去你只是自己练习，就算参加演奏会，我们为你录了像，你也从来不细心看，只会在放映时不停地叫：“烂死了！烂死了！”似乎从来没有满意过自己的表现。

你却忘了应该通过那录像好好检讨自己的缺点，注意听听是不是你自以为的强与弱，实际上别人听起来都不够。这也是为什么学语文、学体育的人总要别人为自己录像，因为只有当你站在另一个角度，冷冷地看自己，才能发现以前“闭门造车”的错误。

想想，如果你以前在看录像时，像今天一样，发现自己的大缺点，不是这段时间就能改进了吗？而今天，你固然没录出自己满意的光盘，但是能因此检讨，不也该高兴吗？

孩子，人是要往前看的，尤其年轻人，更要把眼睛放在远方。记得多年前，我当电视记者的时候，有一天去采访台湾地区大专院校美术系的入学考试，有个考生已经考了好多年，又卷土重来。我问他考得如何，他耸耸肩笑道：“可能还是不怎么样。”我又问他还会再试吗，“当然！”他斩钉截铁地说，“我现在已经开始准备明年再来了！”

多有意思，也多积极啊！失败的时候，你可以坐在地上，回头看害你跌倒的坑洞，检讨自己为什么失败，你也可以伤心、落泪，但是应该一边擦眼泪，一边站起身，准备再一次向前冲。

由“闻过则喜”，到“当下努力”，细细想想我的这些话，把光盘寄出去，接着回家继续努力，比你一直懊恼、自责，有意义得多。而且，说不定你只是多虑，后来还是会被录取呢！

自由
你有酷的资格吗

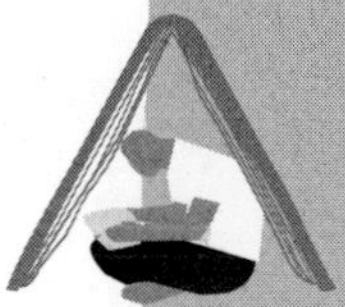

我今天说这些，是因为发现你们这些半大不小的孩子动不动就说“酷”，甚至认为酷是“只要我高兴，有什么不可以”，岂知这种酷不但伤害了自己、影响了别人，也由于在有秩序的社会里不守秩序，造成许多危险。

先说个有意思的事给你听。

前天，汪阿姨请我和你妈妈去参观她在曼哈顿新买的公寓，才走到街角，她就迫不及待地指着她的那层高楼：“瞧！那就是我家。”

“是阳台上有盆大叶子树的那户吗？”我和你妈妈也一起指。

正指呢，却听见背后一片匆促的脚步声，冲来几个穿制服的大汉，急着大声问：“什么事？什么事？”

我一怔，说：“没事啊！我朋友正告诉我们她家在哪一层，有什么问题吗？”

就见那几个大汉长长吐了口气：“天哪！我们还以为楼上失火了。拜托你！以后不要随便指好不好？”

原来他们都是附近大楼门口的管理员。

这件事让我想起刚到美国教书的时候，常在办公大楼的走廊跑，也曾被一个同事责怪。

我当时问他：“我又没有撞到你，怎么会影响你？跑，是我的自由。”

那同事却板着脸说：“你跑，让我以为失火了，心不安，所以你的自由影响到我的自由。”

孩子，你们常认为美国很民主、很自由，却可能不知道在这些自由里其实有许多不自由，甚至远比中国人不自由。

就拿最属于个人自由的“哭”和“笑”来说吧！

在中国人的丧礼上，可以呼天抢地，甚至不哭的要被认为不孝和无情。可是在美国人的丧礼上，亲属能不落泪，却会被赞赏，认为那是自制的表现。因为丧亲是你自己的事，如果你大声哭喊，使别人不知所措，就是失礼。

“笑”也一样，你到高级西餐厅，几曾见到人们拉开嗓门大笑？就算有太好笑的事，也得压低声音，因为如果大笑，会打扰到别人，那也是失礼。

所以，自由有个必要条件，就是不能影响到别人的自由。自由的基础是自制和守法。

你妈妈也提到一件值得深思的事——

“你知道某某小提琴家，虽然是茱莉亚音乐学院先修班毕业，却没考进这所大学吗？”她说。

“拉得那么好，为什么茱莉亚不收？”我不解地问。

“因为他在先修班的乐团里太爱表现他自己，常常不听指挥的。”你妈妈故作神秘地说，“茱莉亚音乐学院的主考官和先修班原来是相通的，先修班会把那些自以为很酷而不听话的学生早早告诉主考官，让他们不被录取。”

“可是那些常是天才啊！”

“天才管屁用！天才不尊重团体，就叫人看不起。”

这也使我记起前几年，你学溜冰时，有一次参加比赛，其中一个孩子溜得最好，获得最热烈的掌声，却没取得名次。

你记得吗，当时大家都觉得奇怪，四处打听，才知道是因为比赛规定不准把任何东西扔在地上，那个孩子却在比赛结束时，得意地把手上的小花环抛向空中。

“这有那么了不得吗？她溜得太好了啊！”当时有人问。

“太好却不守法，就不是太好。”裁判说。

亲爱的女儿，我今天说这些，是因为发现你们这些半大不小的孩子动不动就说“酷”，甚至认为酷是“只要我高兴，有什么不可以”，岂知这种酷不但伤害了自己、影响了别人，也由于在有秩序的社会里不守秩序，造成许多危险。

我非常欣赏最近在李安的传记《十年一觉电影梦》（张靓蓓编著）里读到的一段话——

> 拍自己的片像做皇帝，大家听令于我；拍西片像当总统，总统是要出去取悦每个人的。

李安这么说，是因为他在台湾地区拍片时，导演最大，爱怎么干就怎么干；但是当他到好莱坞拍片的时候，却总得跟制作人、演员、摄影和片厂沟通，他虽有导演的自由，却要尊重每个人的意见。

看完这段话，今天如果你问什么是“酷”，我要说：“酷不是做皇帝，是当总统；酷是不失规矩的自我发挥。”

焦虑
焦躁就是浪费时间

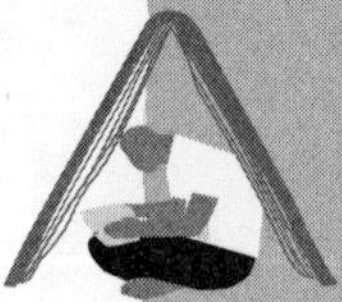

生命有一定的长短，我们只能完成有限的事。你愈大愈会发现“时间有限”“人生苦短”，愈会发现时间紧迫得居然容不得你为紧迫而焦躁。

晚餐的时候，我先吃完，坐在客厅看报，却听见你跟妈妈好像在餐桌上不高兴，接着就见你红着眼睛上楼了。

我问妈妈为什么，妈妈说你后天要去参加纽约州的奥林匹亚科学比赛，明天又要留校演练，因为功课太多，做不完，着急发脾气，她就骂了你。

我又问妈妈怎么骂。

“我问她功课能不能不做，她说不能；我又问她奥林匹亚比赛能不能不去，她也说不能。我就说：‘好啦！你急也得做，不急也得做，你只好去面对。’她就哭了。”妈妈回答。

孩子，我觉得妈妈讲得很对。美国人常说：“如果你无法逃避他，就面对他！（If you can not run from him，face him！）”因为只有面对他，才能把问题解决。

相信你也一定读过我在写给哥哥的书里提到，有个当蛙人的朋友说，当左边眼睛被打到的时候，右边的眼睛还得睁开，否则右眼也完蛋了。

我用这个比喻，或许并不很妥当，因为你今天只是要面对一堆功课和比赛，而不是去打仗。但是想想，如果你现在一直掉眼泪，一直焦虑得跳脚，回头眼睛肿了、起了针眼，火气大了、生了病，不也像那右眼闭上的人，反而更不能面对问题了吗？

所以我建议你，先去洗个脸，冷静一下，再把要做的事一件件列出来，将那最重要的先完成。

这就好比你参加考试，题目多得做不完，与其发愣、着急，不如冷静下来赶紧开始做！还有，当你碰上不会的题目，与其一直在那儿想，把做其他题目的时间也耽误了，不如先跳过，去做自己会的。

这也是为什么许多人在考SAT(美国学术能力评估测试)之前，先去补习班做模拟测验的道理。那模拟测验不见得能使他得到多少新知识，却能让他学习到在时间紧迫的情况下怎样安排时间。

同样的时间，在不同人的手上能产生完全不同的效果。

我在《读者文摘》上看过一个马拉松教练和选手的故事。那教练坐在轮椅上，居然能教出一个马拉松的冠军。你猜他怎么教?

他用嘴教!

他只是教那选手怎么开始热身、稳定速度、保持体力，然后做最后的冲刺。

那教练说得好:“如果你一开始死要面子，拼命跑在最前面，又一下慢一下快，到后来一定体力不支，被别人追上。”

同样的道理，当你今天时间有限、体力也有限时，你就要像跑马拉松和参加篮球比赛一样，充分利用每一秒钟。

你要算算那些功课的deadline（截止日期）到现在有多

久，然后除以功课的样数，算出做每样功课顶多能用多少时间。

你也可以像马拉松选手一样，保留些体力做最后的冲刺——先把每样必须面对的功课和考试准备得差不多，到最后发现时间还有余裕的时候，再去加强其中一两样，把B拉到A。

你大概要说你绝不能容许自己拿B，对不对？

但你也要知道，当你只有那点儿时间，又一样也逃不掉的时候，能让每样都过关，就已经不错了。有一天，你甚至可能发现在不得已的状况下，能拿C过关，总比不及格来得好。

这也好比当你只有一点点钱却有好几天要过的时候，总不能说只吃法国大餐，不愿吃汉堡包；如果要过的日子更多，你甚至能有吐司面包吃就已经不错了。

孩子，这就是生命的现实。生命有一定的长短，我们只能完成有限的事。你愈大愈会发现“时间有限”“人生苦短”，愈会发现时间紧迫得居然容不得你为紧迫而焦躁。

因为焦躁就是浪费时间！

快擦干眼泪，安下心，计划那有限的时间吧！

偶像
当偶像摔倒的时候

每个人都可能戴上冠冕，每个人也都会摘下冠冕，但是不努力就戴不上冠冕，不戴上冠冕也就谈不到摘下冠冕。

晚上，你掉了眼泪，我和你妈妈低了头，来打球的王伯伯、王妈妈也很沮丧地离开。

因为，参加冬季奥运会的关颖珊摔倒了，不但摔掉了金牌，而且一下子落到第三名。

其实在赛前好几天，我们就为关颖珊操心，猜想她的心理压力有多大，怕她又像有一阵子，不断地摔倒。

我甚至说，实在受不了那种紧张，不打算看决赛。妈妈则笑着说，如果是你参加比赛，只怕我会在场边晕倒。

可不是嘛，我们为关颖珊紧张，也是为她的紧张而紧张。奥运金牌是她梦寐以求的。她已经拿了四届世界花样滑冰赛的冠军，就欠这一面金牌了。我们也眼看着她在上届冬奥会与冠军失之交臂。利平斯基，以些微的差距把金牌抢走了。

我们为关颖珊紧张，也因为她是华裔，她的成功不仅是美国的成功，也能证明我们华人的杰出。我甚至猜想，中国的许多朋友一定也在看这场比赛，为她紧张、为她祝福。

所以，晚上，当我们一屋子人都在关颖珊摔倒的瞬间大叫之后，我说："如果把全世界为她惊叫的声音加起来，连一座山都会被震动。"

可不是嘛，虽然关颖珊是华裔，但在美国人心中，她已经超越了种族的界限，如同提到鲍威尔将军，没有人会想他是黑人。这次虽然得到金牌的也是美国人，但在大多数美国人的心底，可能都盼望关颖珊获胜。

所以，今天不仅全世界的华人为关颖珊叹息，美国民众也一样为她惊叫、为她伤心。

不知道你有没有想过：为什么美国人这么偏爱关颖珊？为什么上次明明是利平斯基得金牌，却由关颖珊代表去白宫？又为什么明明是美国白人莎拉·休斯（Sarah Hughes）得金牌，许多白人却若有所失？

这是因为关颖珊已经成为大家生活的一部分。大家看着她成长，看着她以最小的年岁在冰场打败老将，然后一步步攀上巅峰。大家也看着她高低起伏，有时轻盈飞扬，有时又连续摔倒。

也就因为我们跟着她一起走过这许多欣喜又辛酸的岁月，使我们能用自己的心想她的心，想她梦寐以求的就是那块奥运金牌。

同样地，我们也承担了她的压力。因为换作任何人，面对这一生最重要的目标，肩负几亿甚至十几亿人的瞩望，都会受不了，都会怯场，都可能出错。

花样滑冰真是世界上最出不得错的运动。在田径场上，你可以在紧张之下，用尽全力，反而打破纪录。在花样滑冰赛场上，你却不能多用半分力量或少用半分力量，因为那一点点的差异，就会使你摔倒。

怪不得有评论员说，这次得金牌的莎拉·休斯，是赢在别人的失误中。当关颖珊、斯卢茨卡娅都有失误的时候，才十六岁的莎拉·休斯却没有半点闪失，而且做出了破纪录的三周接三周跳（triple-triple）。于是，她由原来的第四名一下子跳到了第一名。

但是，如果换一个角度想，当别人失常的时候，莎拉·休斯能不失常，不正是她成功的原因吗？

她可能因为是初生之犊，也可能因为没有心理的大包袱，只抱着来得个经验的想法，反而能有平常心，表现了超水准。

你回头想想，当年关颖珊同样十六岁的时候，她不是也像今天的莎拉一样，把许多冰场老将都打下去了吗？

过去她赢了，赢了一次又一次，那每一次赢也就成为她下一次的心理压力。她再赢，不算稀奇；她不赢，就是退步。算一算，她能参赛到今天，还总站在世界的巅峰，不是已经很了不起了吗？

孩子，中国人常说“长江后浪推前浪”，意思是后起之秀总能取代前一辈。所以当你小的时候，要有“舜何人也，予何人也，有为者亦若是”的想法；当有一天，你成为老将，又必须接受一个现实，就是“江山代有才人出”，总有晚辈会超过你。

媒体是现实的，今天的电视上，在关颖珊失利之后，镜头就转向了莎拉·休斯，拍她在休息室等待，以及知道获得金牌，与家人和教练拥抱的画面。电视也插播了她小时候的家庭录像带，五岁就上冰场的莎拉，居然对着镜头说“我等不及要参加奥运，得冠军”。

接着，电视又转到场内，拍关颖珊家人黯然神伤的画面，还有关颖珊噙着泪水，勉强做出笑容的样子。关颖珊也接受了记者的访问，令人佩服的是，她没有一点怨言，只淡淡地耸耸肩：

“这就是人生，今晚并不属于我。”

孩子，她说得一点没错，这就是人生！

这是一个充满希望、充满挑战的人生。每个人都能在小小年纪立下志愿成为世界上最棒的人；那些世界上最棒的人，又都有一天，会从他们站的巅峰走下来。

每个人都可能戴上冠冕，每个人也都会摘下冠冕，但是不努力就戴不上冠冕，不戴上冠冕也就谈不到摘下冠冕。

你应该为她庆幸，只有今天没能属于她，过去她已经拥有太多“属于她的日子”。这次的挫折，绝对不会影响她在人们心中的地位。

而你，你是跟莎拉·休斯在同一个冰场溜冰的，你曾听她说她从小的偶像就是关颖珊，而今她居然能打败她的偶像。你是不是也应该立定你心中的志向，满怀信心地向前走去呢？

穿着
穿出你的品位

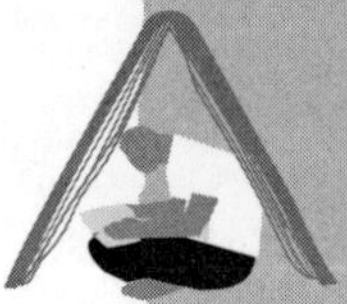

我觉得你那么穿真是很青春、很美，只是也有点担心，不知再过些时你又会换成什么打扮。

“是你新买的三角裤吗？”我在柜子上看到一大包三角裤，于是问你妈妈。

“不是！是给女儿买的，但是买错了，要拿去退。”妈妈回答。

“为什么？”

“因为女儿要比基尼式的三角裤，她外面穿的裤子都是低腰，”妈妈说，“这种高腰的三角裤会露出来。”

可不是嘛，我总看到你露个肚脐。你一边绑头发，一边走出来，看你露着一截肚子，我当时开玩笑地说你是“露肚脐娃娃”，你还不高兴地回我一句：“不是故意的。”

问题是什么叫故意的呢？就算你不是故意举手过顶，使那短小的上衣往上，而露出一截肚子，总有可能伸手拿高处的东西，或像今天绑头发，就露出肚脐呀！

当然，我不是说露肚脐不好看，我没那么老古板。你妈也常教育我，说她前些时去一家做客，那家的女儿衣服更短，肚脐上还戴了个环，有客人笑说好时髦，那女生耸耸肩，对着那人，嘴一张——

天哪！她舌头上居然也有个环。

“所以啊！”你妈妈说，“现在年轻人想什么、做什么，真是管不了。”

这也让我想到你哥哥上高中的时候，有一天一只耳朵上居然挂了个耳环，我吓了一大跳，忍着没发作，还故作开明地笑了笑。

但是从那天，我吃饭时就换到他没戴耳环的那一侧坐。所幸过不久，他就摘了，而且从此再也没戴，说“这个时期已经过了”。

我很同意“时期过了”这个说法，因为每个人，包括我在内，都有那样的时期。随着年龄的增长、生理的发育，每个人对服装的选择都会改变。

你在小学中年级的时候，特别爱穿欧洲古典式的长裙，还得意地说同学讲你是真正的公主，因为天天都穿漂亮的裙子。

但是到了高年级，你就改了，把原来觉得暗而拒穿的蓝色夹克拿出来穿，而且再也不穿裙子，改穿长裤，说裙子太不方便。

初中开始，你的毛病更多了，以前由妈妈前一晚帮你挑好衣服，突然不行了，你要早上自己挑，而且妈妈给你买的衣服，你全不满意，统统退。于是衣服变成要由你自己去买，而且买了些妈妈说她怎么想都不会想到的衣服。

记得我发现总有亮晶晶的东西粘在脚底，又想不通是什么。直到有一天，看你穿一条闪亮亮的牛仔裤，才搞清楚那些亮晶粉都是从你裤子上掉下来的。

可是没过几个月，就不见你再穿那条裤子，而开始穿绞染的花T恤和纯棉低腰的浅色裤子，那裤腰上绑着细带子，我初看还以为是睡裤。

不过，我觉得你那么穿真是很青春、很美，只是也有点担心，不知再过些时你又会换成什么打扮。

对于穿衣服，我和你妈妈很民主，因为我们都是年过半百的人，很难知道你们这些小女生心里想什么，而宁愿由你自己去决定。

不过我也要告诉你，人穿衣服有几个过程——

小时候，你希望穿得像公主，因为那是由父母打扮你：打扮得漂亮，表示你受宠。

大一点，你开始要方便，觉得自由才最重要，那表示你开始一步步离开父母身边，走向独立。

然后，你有了自己的想法，要穿得酷、穿得帅，表现出你的个人品位。

再下一步，你可能要穿得大胆、穿得吸引人，甚至说得更明白一点，要穿得能吸引异性。

我必须说，这些都没错，因为那显示了一个生命的成长、独立和寻偶。只是我也得早早强调，你的衣服无论如何都要与你的年龄、身份和穿着的场合相当。

举个例子，一个二十多岁的女生，穿得比较性感，显示她的青春魅力，可以吸引到终身伴侣。但是当她结婚了，三十多岁了，还刻意穿得性感，那性感又属于露骨的一类，就不对了。

同样地，如果你是个中学生，穿得性感也不妥当。因为你是学生，你的职责是好好念书，而不是求偶，所以像你现在穿出自己的品位固然好，如果往露的方向走就不妥了。

噢！对了！我看到你们毕业旅行的行为规则，真棒！

我尤其欣赏无论男生女生都不准有勾肩搭背的动作，不准单独行动，还有不准穿“意大利面条衣”那几项。我原来还不懂，问你妈妈才知道，那是说不能穿像意大利面条似的两根细细肩带的上衣。

谁说美国学校开放？美国的开放也是有原则的啊！

成长
离开父母的时候

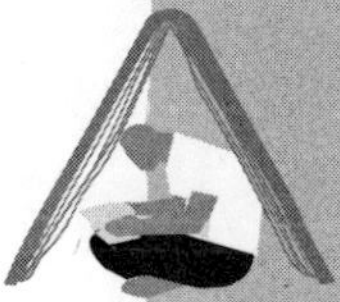

每一年的暑假，不知道有多少父母都会又忧又喜地看着他们的宝贝离开家，心想：多好啊，孩子长大了；多伤心啊，孩子渐渐要离开我们身边了。

晚上，秦叔叔和秦妈妈带维琪到家里来，还带了一些夏令营的资料，说维琪暑假要去湾边的一个学术营。

我问住不住校，秦叔叔说：“怎么可能？是要每天接送的。”接着他们问你怎么安排。

妈妈说你要去“草山音乐夏令营”七个礼拜。

他们也问你住不住校。

“那么远，当然住校。而且平常还不准家人去探视呢！”妈妈说，“既不准打电话，又不准上网，连电视都没得看，每天早上八点就得开始练琴，走廊里有老师巡查，只要没听到琴音，就敲门警告，简直像个集中营。”

秦妈妈就瞪大了眼睛问我们能放心吗。

“是不放心啊！在家娇生惯养，现在一去就是七个礼拜，听说还是住在马棚改装成的宿舍里，到处都是虫子，又因为怕缺水，洗澡限时五分钟。”妈妈叹口气，“可是她要去啊！”

我就笑说这是“女大不中留”，孩子大了，就会想飞。你一方面害怕，但是问你去不去，你还是斩钉截铁地说要去。

看秦叔叔露出惊讶的样子，你记得我当时怎么对他说吗？

我笑问秦叔叔，想当年他不是也把家一搁，背起行囊，就从大连飞过太平洋，来了纽约吗？然后把太太接来、儿子接来，又生了维琪。当年他们住在老板的地下室，可是现在不但有了自己的好房、好车，而且那房子已经值六十万美元以上。

“你当年要是放不下、迈不出步子，你又能有今天吗？”我对秦叔叔说，“人哪，与生俱来就有走出去的冲动。什么叫年轻？年轻就是迈得出步子，总想看看地平线的另一边会是什么样子。”

其实，何止人有走出去的冲力？任何一种生物都会想走出去。

你记不记得，我曾经指着瓜藤对你说：“瞧！瓜为什么要爬？你可以把它种在阴影里，但是它能爬到阳光里。”我也曾教你去碰触非洲凤仙花的种子，那种子一下子爆炸开来，把黑黑的小种子弹出去，害你吓一跳。

你别看它只能弹约一米远，但是就靠这力量，它们没多久就可以由一棵扩展到漫山遍野。

它们为什么用弹的方法散布种子？

它们也有走出去的冲动啊！就算父母走不出去，也希望孩子能走出去。

所以，今天你虽然怕，还是坚持要去那个夏令营。爸爸妈妈虽然不舍，还是得同意你去。我们是一则以喜，一则以忧。喜的是你长大了，有一种冲力要离开父母身边，自己出去闯天下了；忧的是你平常看到小虫子都叫，怎么能适应住在深山里的生活？

其实，附近的中学生多半暑假都去夏令营，像你的好几个同学去约翰斯·霍普金斯大学办的学术营，据说那里也很严，连续三个礼拜，每天都做学术研究；又像是维琪参加的夏令营，听说也相当严，专门加强数理方面，而且早早就训练参加SAT会考的技巧。

妈妈还听说有人想尽办法，把孩子送到英国，去牛津和剑桥办的夏令营呢！

我是知道父母常把孩子送到夏令营，只是我也听说父母往往不能接受让孩子受那么多苦的观念。

美国的夏令营多半不准孩子在营里给父母打电话，双方联系只能通过信件；美国的夏令营除了特别安排的“亲子日”，也常不准父母去探视。

我就亲耳听过有些父母抱怨，孩子参加夏令营变黑变瘦了，怨营里让孩子吃了太多苦。他们却没想到孩子也变强壮、变独立而且变成熟了。

他们不知道，夏令营除了教学，另一个重要的目标，就是教孩子独立。

下午，我在你妈妈桌上看见一本邮购目录，其中一页被她折了起来，原来是卖一种有着长长塑胶管的真空吸虫器，只要拿着对准虫子，一按钮，就能把虫子吸进管子。

多妙啊！我前一天看另一本邮购杂志，也见到那种吸虫器，我也折了起来，打算要为你购买呢！

于是我想，怪不得每年到这个时候，邮购公司就会寄各种杀虫器的宣传单。相信许多别的父母看到之后，也会像我们一样——心一跳！这不正是我家宝贝需要的吗？

每一年的暑假，不知道有多少父母都会又忧又喜地看着他们的宝贝离开家，心想：

多好啊，孩子长大了；多伤心啊，孩子渐渐要离开我们身边了！

第二章 人生

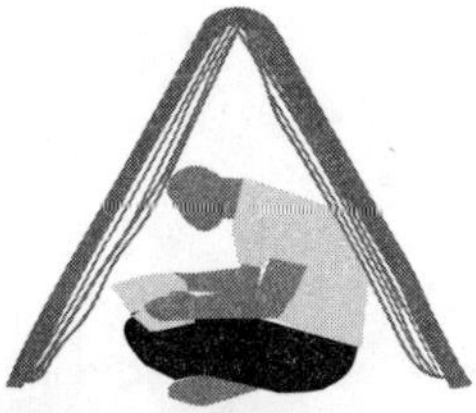

人生如果是一根平平的线，多没意思。

应变
“9 · 11”的一场噩梦

孩子，愈是面临灾难、面对打击，我们愈要坚强、愈不能落泪，因为泪眼是看不清敌人的，泪眼只可能遭遇更致命的伤害。

孩子，你受惊了。

早晨，上课上一半，你的两个同学就被家里人接走。又过不久，老师被叫去开会，很缓步地走回教室，沉沉地向你们宣布：“我们的世贸中心和五角大厦都被恐怖分子袭击了，死伤了很多人。”老师叫你们一定要镇定，说学校会加强安全检查，又说学校已经打电话通知家长，等会儿下课，必须家长签名，才能把孩子接走。

下课时，妈妈去了，看见好多孩子和家人在门口相拥，也有些孩子因为家人没来，不断向外张望。妈妈问老师，为什么要签名才能放孩子回家，是怕学校有恐怖分子吗？

老师小声回答："我们是怕有的孩子的父母，一起在世贸中心上班，他们来不了，或永远不能回来了。如果不幸如此，我们得把孩子留下来照顾。"

整天，我和你妈妈都在打电话，与每个可能想起的在世贸中心上班的亲友联系。

我们先打电话给你三伯，是你堂姐接的，说三伯还没回家，但是已经从世贸中心六十几层逃了出来。接着我们打电话给同社区的一位朋友，她哭着说她因为昨天去了办公室，今天有事在家，但是办公室没了，十几个员工联络不上，只怕也没了。

我们也打电话给你同学的妈妈，她说她先生因为是老板，去得晚，还在火车上，但是整个办公室都毁了，所幸人员全逃了出来。我又想到前天你过生日，一块儿吃饭的江叔叔，他的哥哥在世贸中心上班，于是打电话过去，是他的岳父接的，说人在一百多层，是被炸的第一栋，江叔叔正在沙发上哭。

世贸中心，你是去过的，我们也曾带好多来美国的朋友去过。不久之前，我还在上面拍了照片，俯瞰整个曼哈顿。

对了，上礼拜我们由加拿大魁北克飞回纽约时，飞机从世贸中心旁边飞过，我不是还指着叫你看吗？每天不知有多少飞机经过那里，谁能想到会被恐怖分子劫持，用来做自杀攻击；谁又能想到，我们“纽约客”颇引以为豪的世贸中心，居然会在那么短的时间当中消失？

看着电视上播出的撞击和崩坍的画面，我们都觉得像做梦，不敢相信眼前这一切是真的。对你来说，那就更是难以接受的画面了。

不！我应该说，对所有美国人来说，这画面都是惊心动魄，而且足以惊醒“美国梦”的。过去百年来，包括两次世界大战，即使珍珠港事变，都是在美国本土以外的夏威夷发生，美国人几曾在自己的“大陆”上经历如此的攻击，见过这样的兵燹？

“兵燹”这个词，我可能用得太深了。但是今天，你看到的烈焰腾空、浓烟密布、尘土飞扬，昔日辉煌的世贸中心，只剩下金属的大门斜斜地立在废墟之中；而堆得像小山丘的废墟里，还压着成千上万个善良的百姓。这就是兵燹！

由六十几楼先乘电梯到四十层，再冲下楼梯的三伯说，他全身都是灰土，先跑得远远的，又不愿相信自己的眼睛，于是往回走，正看见整栋大楼崩坍。他说那大楼被撞的地方，烈焰把钢骨和金属外墙全烧成了红色，相信楼体因此软化，使得上面四五十层的重量一下子坠了下来。

当大楼崩坍时，他再转身跑，却觉得背后冲过来一股热风，还有那味道，是他一辈子不曾闻过的，也是一辈子不会忘记的。

更令我惊心的是，他说："你们在电视上看不到，那失火的大楼窗上都攀着人，然后支持不住了，一个一个往下跳……"

晚上，我们守在电视机前，电话不断响，都是世界各地亲友关怀的来电。他们拨了十几个小时，终于接通，先问我们有没有损失，又问我们有没有食物，可见这恐怖事件造成的震撼，大家都已经把纽约看成了战场。

他们可能没想到这个战场上的人民，表现出惊人的镇定与坚毅。一个中国公司姓符的总裁在逃跑时摔断了大腿骨，骨头穿出肌肉，血流不止，眼看就逃不出去了，但有两个白人及时把他架起，冲了出去。

因为世贸中心在唐人街旁边，我们华人也发挥了爱心，拿出食物、饮水给那些逃出的人，帮他们清洗，借他们电话打给亲友。

曼哈顿的下城，顿时全疏散了，但是同一时间却有许多人往那里赶，他们是医生、护士、救火队员和各种义工。很多人还在休假，但都主动赶去救援。那些救火队员更是感人，有一个对记者说：

“我们有两百多个队员因为进去救火，楼塌了，全陷在里面，我们的局长、副局长可能全死在了里面，我们这些活着的，能偷生下去吗？”

平常最热闹的时代广场空了，广场上的餐馆全都拉下铁门，只有一家，免费供给救难人员餐饮；总是大排长龙的百老汇剧院也空了，倒是看见另一种队伍，拉得长长的，转过街角——大家排队去捐血，人多到血袋都不够用。

看着那些感人的画面，我们都忍不住偷偷擦眼泪。你妈妈大概擦多了，眼睑有点感染，又不好意思说，就讲自己大概上了火，要长针眼。

或许我们都受了西方文化的影响吧！可以偷偷躲起来哭，但尽量忍着，不在人前落泪。

可不是嘛，你看看！电视上那些满脸鲜血的人，那些拿着亲人照片，四处哀求，请求协寻的人，他们的声音是哀戚的，但是我们几乎没有见到一个人痛哭。

孩子，愈是面临灾难、面对打击，我们愈要坚强、愈不能落泪，因为泪眼是看不清敌人的，泪眼只可能遭遇更致命的伤害。

我们也不能悲观，即使有最惨痛的遭遇，也要从正面思考，因此你看见小布什总统在全国广播时，用了许多“感谢”——感谢美国人的团结，感谢世界的关怀……政府的发言人在宣布警戒重点之后，还特别加一句——

希望这次千万人的牺牲，能换来以后更多人的活命。

孩子！你已经是个少年，个子长得快赶上妈妈了。当你度过十三岁生日之后，在心智上也该由幻想期进入写实期，你开始要面对一个真实的世界了。

晚上，我把你抱在腿上，一边看着电视里的灾难画面，一边感慨地说：“Life is hard，so we should work harder.Life is hard，so why don’t we take it easy？（人生艰苦，我们要加倍努力；人生艰苦，何不轻松处之？）”然后问你，你认为哪一句比较对时，你想都没想就说：“当然要加倍努力。”

好极了！

深夜，我特别到你隔壁的书房，把电话插头拔下来，希望不断响的铃声不致惊醒你的好梦。

当然，我不敢确定你的梦境一定好，只盼望即使是噩梦，当你醒来时，爸爸妈妈也能守在你的身边。

死亡
向远方挥挥手的时候

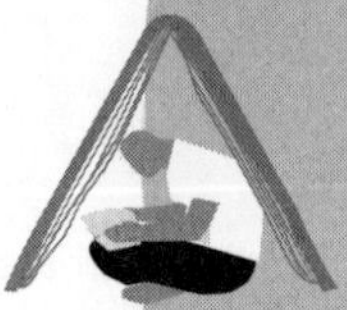

“我要弟弟写封信给妈妈，把心里想要对妈妈说的话写下来。我希望趁他对妈妈还有记忆时写下来，以后大了可以看，把妈妈永远留在心中……”对远行的亲人挥完手，就回头搂搂身边的亲人吧！

奶奶的忌日。

爸爸一早就把大厅桌子上的东西挪开，先摆两瓶鲜花，再将奶奶的照片放在中间。然后，外公、外婆、爸爸、妈妈和你，一起在照片前面鞠了三个躬。

奶奶逝世已经三年了，就在三年前的今天傍晚，九十三岁的奶奶，永远地离开了我们。

中国人管死人的生日叫“冥诞”，称先人逝去的那一天为“忌日”。爸爸觉得忌日比冥诞来得重要，因为奶奶生的那一天，我还没来到这个世界，奶奶死的那一天，我和你妈妈都到了她床前。

同样的二月，同样的十八号，也就有着同样冬天的寒冷和短短的日照，连公路上萧疏的景象都跟三年前一样。所以，忌日使我们更能回想起当时的情景，使我们更能回想到当年的伤心。

对的！回想到当年的伤心。有时候，我们要忘掉不好的往事，有时候却要重温碎心的一刻。

我收到过一个马来西亚高中女生的来信，她的妈妈死了，弟弟只有六岁，你知道她要弟弟做什么事吗？她叫弟弟擦干眼泪，用笔写下当时的心情。

“我要弟弟写封信给妈妈，把心里想要对妈妈说的话写下来。我希望趁他对妈妈还有记忆时写下来，以后大了可以看，把妈妈永远留在心中……”那女生在给我的信里这么说。

我一边看她的信，一边掉眼泪，立刻回信给她，说才失去母亲不久的我，可以感受到她的伤恸，更惊讶以她那么小的年龄，居然会想到要弟弟记下心情的方法。

所以，“忌日”也是“记日”，是让我们加深对死者记忆的日子。随着岁月流逝，当我们对死者的印象逐渐淡忘的时候，如果能利用每个忌日想一想，那记忆就能停留得更长久。

亲爱的女儿，当你走过奶奶的照片的时候，就驻足看看奶奶吧！那是奶奶到华府旅行时在国会大厦台阶上拍摄的。当时她八十八岁了，还很能走，你瞧，她笑得多开心。

也利用这一天，在你的脑海里找奶奶的影子吧！跟那马来西亚小男孩一样。奶奶死时，你还太小，只怕以后记忆会愈来愈模糊，所以应该趁着奶奶逝世才三年，想办法加深对奶奶的印象。

想想奶奶怎么疼你；想想奶奶每天一大早，怎么和外婆一起把你的小床推到她的房间，照顾你；想想你到医院看奶奶，奶奶临终睁开眼，看到你的那一刻；也想想你那天才坐进车子就痛哭失声。

当然，我不是要你再去哭。落泪的日子过去了，我们已经从丧亲的悲痛中走出来。就好比我们卷起袖子，看以前受伤的疤痕。那疤痕不再痛，但能使我们回想到受伤的一刻，也在心里告诫自己，下次要小心了。

亲爱的小丫头，你知道要告诫自己的是什么吗？

是当你留不住奶奶、因奶奶逝世而悲伤的时候，要想想还有外公外婆在眼前，甚至想想有父母在身边，好好把握机会，多跟我们聚聚。

唯恐以后散了，今天就多聚聚吧！

对远行的亲人挥完手，就回头搂搂身边的亲人吧！

这才是在奶奶的忌日里，你真正应该学习的啊！

缓急
你能不能睡柴房

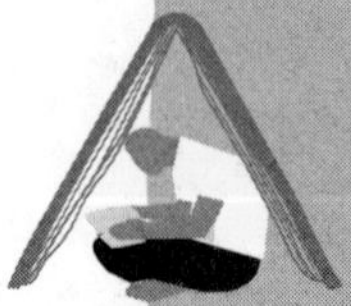

孩子，这世界是充满竞争的，你千万不能因为自己幸运，就把幸运当成习惯，因为幸运不是总留在我们身边。你必须随时告诉自己：今天我能做“豌豆公主”，明天我也能睡柴房……

妈妈去学校接你，车子才要转进我们家的巷子，就见你的校车正由巷子里出来。

“天哪！如果你坐校车，比妈妈接你还快。”妈妈说。

却见你一撇嘴：“可是我不能搭校车。”

“为什么？”妈妈问。

“因为我赶不及。”你理直气壮地说，“我先要去我的柜子，把不用的书放好，还要把该带回家的东西拿出来，等我弄完，校车已经开走了。”

“那么别的同学为什么赶得上呢？”妈妈又问。

你耸耸肩。

听你这么说，我紧张了，不是紧张你慢，而是发现你缺乏弹性。

你什么东西都要整齐、完美，这原来是很好的个性，使你能精益求精，比别人有更严谨的自我要求。只是你也要知道，这世界并不都那么整齐与完美啊！

举个例子，你今天如果穿得很干净、很漂亮去旅行，中途遇上大雨，满地泥泞，你能因为怕弄脏衣服就不走了吗？如果你是中途遇上暴雨，当大家都决定冒雨前进的时候，你能坚持一个人留下来，等雨过了、地干了，才动身吗？

这世上没有绝对的事，最近我看了史蒂芬·威廉·霍金（Stephen William Hawking）的《果壳里的宇宙》（*The Universe in a Nutshell*），上面谈到近期“相对论”的实验，发现在一个水塔的顶端和水塔的下面，测得的时间都不一样。

连“光”都可能因为“引力”而弯曲，连时间都没有一定的长短，难道你的时间反而是不能调整的吗？

不知道你有没有读过《诗经》里“深则厉，浅则揭”的那段话，意思是当人穿着衣服过河，水浅的时候还能把衣服拉高了涉水过去，但是如果水太深了，怎样都无法避免弄湿，就只好穿着衣服下去了。

连古人都不能不看情况调整处世的方法，你又能那么不知变通吗？

还有，不知你记不记得，我每次看到昙花开放都会急着写生，那时候就算早有别的工作计划，我也会搁下来。

为什么？

因为昙花难得绽放，绽放的时间又那么短暂，别的事可以等，花却不能等啊！

尽管如此，我拿着写生册，坐在花前，也要考虑优先顺序。通常我画花，都由最左侧开始，为的是避免先画好右边再画左边时，手腕会弄脏先画好的东西。可是画昙花就不能这样了，我一定由“花”开始画，就算有叶子挡在花前面，我也“让开”叶子，先画花。

这又是为什么？

因为昙花一现，两个多小时过去，花就开始凋了；相反地，叶子却不会有什么变化。所以我常在前一夜画花，第二天才画叶子。

想想，连画花这么一件小事，我都要做许多“优先顺序”的考量，你是不是也应该常这么想想呢？

再说个有意思的故事给你听——

我“服兵役”的时候，因为吃饭慢，每次去盛第二碗，都发现只剩锅底了；等我把锅底刮了又刮，盛半碗饭，回到桌子，又发现已经没菜了。

后来我才学会，在军中大家“抢着吃”的情况下，第一碗只能盛半碗，吃前半碗的时候要尽量吃菜，早早把前半碗饭吃完，好早早去锅里盛饭。

我那时候真是很不适应，因为跟你一样，我是家里唯一的宝贝，从小没人跟我争。我吃饭也跟你一样，总把最好吃的部分留着，到最后才吃。

你说，换作你，有一天跟人家去抢、去争，如果坚持用在家里吃饭的方法，是不是也可能吃不饱？你又能不像我一样，改成一开始只盛半碗的方法吗？

孩子，这世界是充满竞争的。你千万不能因为自己幸运，就把幸运当成习惯，因为幸运不是总留在我们身边。你必须随时告诉自己：今天我能做“豌豆公主”，明天我也能睡柴房；今天有妈妈来接我，我可以好整以暇，慢慢收拾东西，明天妈妈不能来接，我也能改成早早就利用休息时间，把第二天要用的东西安排好，放学时只要打开柜子，放下一堆再拿起一堆，就赶往停车场。

只有这样，你才能称得上“能屈能伸”；只有这样，爸爸妈妈才能放心，你有一天离开家，才不会吃大亏。

恐惧
在生死之间选择

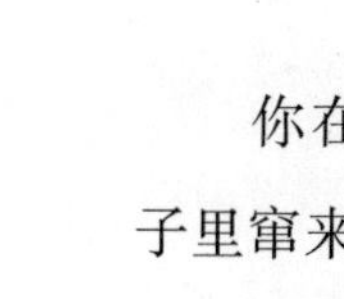

如果今天是你爬山遇险，你只要抓住山边一棵小树，就能不坠落，但是小树上缠了一条蛇，你抓，还是不抓？

你在弹琴的时候，从门外飞进一只大苍蝇，在几间屋子里窜来窜去，每当苍蝇飞到你附近，就听见你尖声惊叫。

“我怕嘛！我就是会被吓到嘛！”当我怨你大惊小怪的时候，你喊。

“你当然会被吓到。”我说，“可是你要控制自己，不要被吓一大跳，因为‘吓’不危险，真正危险的是‘一大跳’！”

但你还是不断惊叫，直到我把苍蝇打死，才重新练琴。

孩子，你知道哥哥小时候也有个毛病吗？

他很怕痒，只要稍稍哈他一下，他就会痒得像你今天一样哇哇大叫。

但是你有没有发现，哥哥现在一点都不怕痒了。你知道那是你妈妈训练的吗？

因为哥哥小时候，有一次妈妈去学校，看见一群孩子在楼梯上打打闹闹，你哈我一下，我哈你一下，大家躲来躲去，随时可能滚下楼梯，真是太危险了。

所以，妈妈从那天开始就训练哥哥，每天哈他痒，又命令他要忍着。没想到，训练他一阵，他真不怕痒了。

哥哥后来不是真不痒，而是因为他懂得控制自己，不做过度的反应。

“过度反应”常常会出大乱子。

我刚来美国的时候，有个朋友，就爱做过度反应。他开车，遇到路上任何一个小坑洞，都会闪过去，他说如果不躲开，一震一震的，车子容易坏。

但是他的车子比谁的都坏得快，而且不但车子坏，他还总出车祸。

道理很简单——他过度反应。他固然闪躲了一些小坑洞，却因为分心，忽略了路上其他的车子，所以好几次跟别的车子擦撞，差点送了命。

过度反应，最大的害处就是分心。你看看，电视新闻是不是常报道，车子因为闪躲小动物，造成大车祸的消息？每次在高速公路上，看见有小动物的尸体，被压成血淋淋、薄薄的一片，你骂那些驾驶人残忍的时候，我不是也告诉你，有一天你开车，如果发现有小动物躺在路当中，而车子正飞快行进的时候，也只能选择直直开上去吗？

在那紧要关头，你必须知道选择，用理智告诉自己，也控制自己情感的反应。你要知道，当你紧急刹车的时候，很可能造成连环车祸，许多人都会因此丧生。

记得我十六七岁的时候，常爱爬山。有一次，到乌来的深山，下起倾盆大雨，我走过架在一个小瀑布上的独木桥，突然顺着瀑布冲下一条大蛇，啪的一声，就缠在我脚前的独木桥上。

天哪！你想想，那有多可怕！如果是你，会不会吓得从桥上摔下去？

问题是，桥下是几十米深的山涧，如果我不控制自己，而在当时做出过度反应，今天就没有你了。

所以，我虽然怕蛇，但是在那一瞬间，硬是强迫自己镇定下来，然后趁蛇还没完全清醒，一脚，把蛇踢了下去。

说到这儿，我要问你，如果今天是你爬山遇险，你只要抓住山边一棵小树，就能不坠落，但是小树上缠了一条蛇，你抓，还是不抓？

你当然抓，对不对？

那么我再问你，如果今天发生大地震，我被倒下的东西压倒，知道你不可能帮得上忙而对你喊“快跑，快跑”的时候，你是留下来陪我一起死，还是听我的话，立刻往外跑？

我举这样的例子或许太残酷了。但是，孩子，在我们生命中，常必须面对残酷的选择，在那一瞬间，你只能选择一个，不能两边都选。两害相权取其轻，你必须用理智克服感情，才能存活下来。如同我在《当你遇见大野狼》[①]那封信里对你说的，当你不幸落入坏人手里，遭遇强暴，为了保

① 《当你遇见大野狼》，见水云斋文化出版的《小姐小姐别生气》第 15 页。

命，你只好放弃无用的抵抗，唯其如此，你才有求救和讨回公道的可能。

听了这么多，你懂了吗？

我为什么说，你可以“吓”，但是不能“吓一大跳”？

胜败
有赢有输才是人生

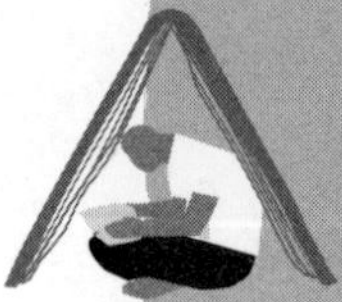

尽管不见得一分耕耘能换来一分收获，但是耕耘多的人总能有较多的收获，这就好比守株固然可能碰上一只自己撞上树的兔子，但绝不可能比得上主动出击的猎人。

你放学回家，我问你："在学校好吗？"你没搭腔，我就觉得不对劲。果然，走进厨房，看见你正搂着妈妈，眼睛红红的。

"是身体不舒服吗？"我问你。

你没答，妈妈答了："只是流鼻涕。"

我又问你："是什么没考好吗？"

你点了一下头，眼泪突然像断线珠子似的滚下来："历史没考好，才考了八十四分。"

"别人都考好了吗？"我问。

"好多人考得比我好。"你嘟着嘴，"我从来没考过这么烂。"接着一转身，冲上楼去。

我也跟上楼，你进了浴室，对我没好气地说："不要理我，我哭一下就好了。"

果然，隔一阵，你已经平复，坐到书桌前面，弯身翻书包，拿出厚厚的历史课本。

我认识那课本，因为前几天你留在客厅桌上，我曾经翻过，里面除了讲历史，还附带了许多相关的世界名书。记得当时我问你是不是课外读物，听你说是课本时，还赞美那书编得真生动。

我坐在你的床上，看你拿出考卷在检查。

"是错了吗？"我又问你。

"是错了。"你说，"可是我真不懂，为什么自己会那么糊涂，别人都没错，连最烂的男生都会的几个'军事强国'，我却会错！忘了写德国。"说着说着你又哭了，一边呜呜地哭，一边说，"我不是没念，我念了啊！"

孩子，看你哭，我也很伤心，尤其当你说别的同学问你成绩时，我可以想象你当时的尴尬，因为你的成绩从来都是最好的。

但我也要对你说，这世界上并非一分耕耘就一定有一分收获。有时候，你可能用的种子不好、水土不对，再遇上坏天气，结果下了最大的功夫，反不如那些天时地利人和都对，却没努力的人收获来得好。

你也要知道，知识不见得全由课本里得来。那些最顽皮的男生，可能成天阅读战争小说，他们的长辈可能参加过第二次世界大战，在家总说当年的往事，他们又可能爱读报、看历史频道和益智问答节目，他们看似没有认真读书，却因为周遭的氛围而在自然中学习了。你甚至可以猜，他们玩的战争电脑游戏都会有帮助。

中国有句俗话“有意栽花花不发，无心插柳柳成荫”，也是这个道理。不见得你最用心的，就一定成功，反而可能无心中造成的机缘，使你获胜。

但是，会不会因此你就不必耕耘了呢？

错了！尽管不见得一分耕耘能换来一分收获，但是耕耘多的人总能有较多的收获，这就好比守株固然可能碰上一只自己撞上树的兔子，但绝不可能比得上主动出击的猎人。

再举个例子吧！我从小就喜欢写文章，可是常常投稿没几天，就收到厚厚的信，里面装着退稿，主编连一句安慰的话都懒得写。

有一阵子，我被退得实在伤心了，不再投稿，但是总在翻报的时候幻想有自己的文章发表。你想想，这实际吗？我不投稿，怎么可能有文章发表？投稿固然有被退的伤心，但是不投稿就连伤心的机会都没了。所以“有意栽花花不发”的人，唯一的办法，就是继续努力种更多的花。

记得有一次晚餐时，外婆说“养孩子，忙得要死，好辛苦”时，我怎么说的吗？我说，养孩子确实辛苦，但是正因为有苦才有乐。孩子这次考糟了，下次考好了，苦成了乐；孩子前天病了，今天退烧了，担忧成了欣喜。我又说：“人生如果只是一根平平的线，多没意思！一定要起起伏伏，有付出、有获得，才丰富。”

那么，我现在也要对你说，人生就是要有成功、有失败，才有意思。你今天失败了，痛定思痛，检讨改进，明天反败为胜，多棒！而且，如果你能由今天的小考中得到教训，使你明天的大考不再犯错，这小考不就像注射疫苗，小小疼一下，却能避免得大病吗？

亲爱的小丫头，别再为人家考得好、你考糟而伤心了吧！你甚至应该为那些顽皮男生，居然能拿回家一张九十分的成绩单，然后得意地说他赢了你而高兴呢！

有赢有输，才是多彩的人生啊！

时间
事半可以功倍

现在是资讯的时代，我们不能再用旧时代“单行道”的思维模式……如果你不能“一时多用”“一目十行”，甚至利用每个自觉与不自觉的机会学习，是很难成功的。

我请你帮我上网查一个资料，你当时正翻阅刚收到的杂志，低着头说“好”，但是隔一阵却见你在梳头，我又催，你才去开电脑，还一边咕咕哝哝地怨电脑好慢，得等半天，说妈妈正等着带你出去买衣服。

这下我就不懂了——你明明要出去，为什么还看那些杂志？你明明梳头的时候不必照镜子，为什么不先开电脑，一边等上网，一边梳头？

你甚至可以一只手梳头，一只手翻杂志，一边等电脑。三件事可以一起做，你为什么把它们分开呢？

中国人常说“事半功倍”，意思是用一半的力量，却得到加倍的效果。

什么人能事半功倍？

除了少数特别聪明、行动特别快的人，事半功倍的常常是懂得“一时两用”甚至“一时三用”的人。

从很早以前，我就发现这种一时三用的好处——

记得我还在念书的时候，有个女生请我去她家吃午饭。到的时候已经接近十二点了，只见她一边打开龙头放水，一边热油锅，一边切菜。突然一扬手，丢蒜头去锅里爆香，又一边炒菜，一边把手伸得长长的开冰箱拿肉。

我那时候真是看呆了，天哪！如果换作别人，同一时间只能做一件事，恐怕一个钟头都忙不出来，她居然才半个钟头就端上一桌菜。

当电视记者之后，我更发觉必须一心两用——

有时候一边播新闻，一边耳机响，里面是导播的声音，说新闻稿里哪个地方错了，要改，再不然讲哪条新闻要抽下来或临时加上去。

起初我真不能适应。因为想专心播报，就听不到耳机里的“交代”；一心注意导播的话，又会忘了要播报新闻。后来，看了一部叙述一位美国名主播出头的电影，我才发现，更高明的主播甚至能一边听导播提供的资料，一边不着痕迹地组合成新闻稿，立刻播报出来。

我也曾经到一个朋友家，发现他家沙发、电视、冰箱、瓶瓶罐罐上都贴个条子，上面用中英文写着沙发、电视、冰箱、糖果、饼干……

原来那是贴给才三岁的儿子看的。他们的理论是学习可以在自然间发生，孩子一边开冰箱拿东西吃，一边看到“冰箱”“冰激凌”“橘子水”，时间久了，自然会记在心里，不用教就会了。

他们的做法不也是教孩子一时两用吗？

还有，你看到我书架上有一堆“有声书”，你知道大家都是什么时候听吗？

据调查，有声书的市场，一半以上是“开车族”和家庭主妇，因为他们可以一边开车或一边做家务，一边听。

那不也是在同一时间做两件事吗？

在电视上你看到的就更丰富了——

电视上分割成好几块：右边主播报新闻、主播后面放CNN（美国有线电视新闻网）的影片，左边则是半岛电视台的画面和中文字幕，下面是“走马灯”，右下角还有股票指数。你说怎么看？如果不能一时三用，甚至一时四用，怎么办得到？

孩子！现在是资讯的时代，我们不能再用旧时代“单行道”的思维模式。据说现代战机的飞行员要同时看几十项资讯，阿帕奇武装直升机可以同时攻击许多辆坦克。在这个时代，如果你不能“一时多用”“一目十行”，甚至利用每个自觉与不自觉的机会学习，是很难成功的。

正因此，我们从小就容许你一边看电视一边做功课，也鼓励你把功课带到餐馆，一边等上菜一边写作业；当你学音乐之后，更建议你一边听音乐一边读书一边上网；最近我更提醒你，如果时间实在不够用，可以一边吹头发一边看书，或一边刷牙一边整理书包。

我甚至跟你说，如果你要下楼去厨房吃东西，又要跟我们说话，还要到客厅找报纸看，就应该先算好路线，试着一边找报纸一边说话，然后拿着报纸去厨房，坐在厨房一边吃东西一边看报，甚至如果我们也在那儿，就一边跟我们讲话。

孩子，你会发觉，那比你想到一样就下楼一趟轻松有效得多。而且，你可以用省下的时间做不少别的事或多睡一点觉。

事半功倍的人不但能有更高的成就，而且能有加倍的人生啊！

公德
马桶与电视

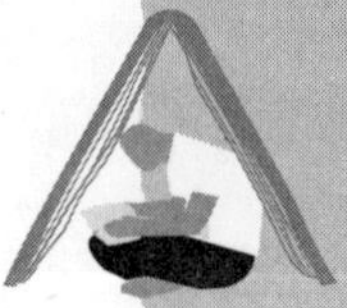

那马桶是真空吸引式的，力量大极了，啪的一声，小女孩的屁股居然被吸住，起不来了，疼得又哭又叫。

许多年前，我看过一个笑话——

有个丈夫回家，才进门，就问老婆：“今天哪个男人来过了？”

老婆一愣，说：“没有啊！”

“有！”丈夫很肯定地讲。

老婆又想了想，总算想起来：“噢！对了！水电工来过了，因为煤气炉打不着。”接着问丈夫，“你怎么知道有男人来过？”

“我当然知道，”丈夫说，“我看到马桶坐垫被掀了起来，他一定上了我们的厕所。”

我那时候觉得很好笑，想西方男人真是有礼貌，不像一些东方的大男人，上厕所不管女人，把小便就滴在马桶坐垫上。

但是你知道，有一天，当我跟个美国朋友讲这个笑话时，她怎么说吗？

她笑笑：“这个工人不是有教养，而是没教养。他上完人家厕所，怎能不把坐垫放回去？”

后来我在电视上看到一则新闻，再一次谈到这“教养”。那新闻很鲜——

一个小女孩半夜上厕所，没开灯，又睡得迷迷糊糊，没想到她爸爸先上过厕所，忘记把坐垫放回去，一屁股坐下去，居然半个人坐进了马桶；偏偏手一撑，又碰到抽水的按钮。那马桶是真空吸引式的，力量大极了，啪的一声，小女孩的屁股居然被吸住，起不来了，疼得又哭又叫。

最后还是消防队赶去，才把小女孩的屁股“拔”出来。

电视记者也赶到了，只见那小女孩的妈妈对着镜头骂她丈夫：“太没教养了！上完厕所居然不把坐垫放回去。”

她的丈夫也一直红着脸向女儿道歉，说自己太粗心、没礼貌。

你听我这么说，大概没什么大感觉。因为你受的教育就是要把马桶垫放回去。老师甚至会教你们，如果有客人来，一定得把马桶盖子盖好，否则就是不礼貌。

可是对我来说，那新闻却很刺激。

为什么？

因为我上厕所也只知道把坐垫掀起来，而不知道在用完之后放回去；如果你是那小女孩，搞不好也会一屁股坐进马桶。

所以我昨天看完新闻之后，决定“痛改前非”，以后一定要为家里的女生着想，记得把坐垫“归原位”。

谈到“归原位”，我又要跟你讲个归原位的事。

有一次我去个朋友家，那家的孩子正在看电视卡通。

卡通播完，那孩子关上电视离开客厅，但接着又跑回来，把电视重新打开，用遥控器换台，然后关上。

我当时以为她想看又不敢看，就笑说：“你看哪！为什么开了又关了呢？不会打扰到我的。”

你知道那才初中一年级的小女生怎么说吗？

她说因为她爸爸妈妈都看同一个台，所以先要“归原位”，使大人等下一开电视，就是那个台，而不必重新选台。

我当时惊讶极了。发现在那个许多大男人上厕所连坐垫都不掀起来的社会，却有小孩能那么为别人着想，那孩子表现了连西方世界上流社会的孩子都不见得有的教养。

我由那件小事，对那家人，甚至对中国的教育刮目相看。

好！说了这么多，现在我要问你，你是不是每次晚餐后就去把我看的中文台换成你的卡通台，看完之后就关机离开呢？

你能不能学学那小孩，也帮我将频道“归原位”？

当然，如果有一天，你看电视的机会比我和你妈妈多，而且固定频道的时候，我也会在看完中文台之后，把频道调回你的地方。

责任
小心　这里有个台阶

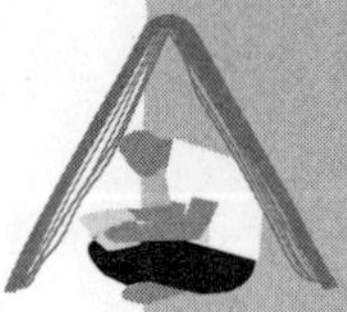

中国人讲究的“风水”，跟动线就有很大的关系。你想想，如果一个人天天在家里左边撞一下、右边躲一下，稍不小心就要受伤……时间久了，能不影响情绪，甚至影响身体吗？

你跟我在院子里玩，发现修矮墙的工人用完水管居然忘了收，使那水管正好横过我们侧门的走道。你一边跟我合力把水管卷好，挂回墙上，一边责怪“工人怎么会这么粗心，幸好没人被绊倒”。

我很高兴你那么说，不是高兴你会责怪人，而是高兴你能知道“为他人着想”是一件重要的事。只是你知道吗，你平常也可能犯了像那些工人的错。

譬如你放学回来，进门就把书包往楼梯上一扔，又摘下腰包丢在走道上，不是就跟工人犯了一样的错吗？

如果外公外婆不小心，或者爸爸急着跑下楼，一脚踩到你的书包，或被腰包的绳子钩到，不是就麻烦了吗？

还有，你记不记得，我曾叮嘱你，上完浴室，一定要把门关好，或是把门完全打开，千万别让门成九十度角挡在路中间，免得我走出书房，没注意，一头撞上去。

其实我已经撞了一次，只是不好意思，没跟你说，怕你笑我为什么一边走路一边看书，那么不小心。

对！都怪我不小心。

许多意外都是因为出意外的人不小心，譬如马路上有个“人孔盖”没盖好，就可能有人不小心摔了下去。

你可以说是那个摔下去的人不小心，但是从另外一个角度想，如果那“人孔盖”能够被小心地盖好，不是就不会有意外发生了吗？同样地，如果你把浴室的门关好，我不是就不会撞上了吗？

所以我们可以说，每个不小心造成的灾祸当中，都可能有另外一些不小心；如果大家都能小心一点，为别人着想，那不小心就能减到最低。

正因此，我常叮嘱你，不可以在“动线”上放东西。

什么是动线？动线就是人们总经过的路线。

你知道室内设计最重视的就是动线吗？

一个好的室内设计，使每个人都能在其中顺畅地走动；不好的设计则可能左边多出个柜子、右边又伸出个桌脚。

中国人讲究的“风水”，跟动线就有很大的关系。你想想，如果一个人天天在家里左边撞一下、右边躲一下，稍不小心就要受伤，再不然左边伸出个尖、右边冒出个角，使其中的人总是吓一跳，时间久了，能不影响情绪，甚至影响身体吗？

同样的道理，我们平常放东西也一定要注意动线。在大家常走动的那条线上，你绝不能随便扔东西，尤其那些有绳子、带子的东西。还有，你的书也不能随地扔，因为厚书能绊倒人、薄书能滑倒人。不信你试试，把一本杂志放在地上，用脚在上面移动一下，你会发现那杂志因为用铜版纸印刷，一页与一页之间摩擦时，一点阻力也没有，滑得像溜冰场一样。

想想，如果哪一天你急着跑去接电话，一脚踩在这么一本杂志上，能不摔倒吗？如果你摔倒时，又撞到旁边的柱子、柜子，那后果会如何？

我就曾经看到过一个因为前面的人不小心造成的灾祸。

那一天我到超级市场，看到有个女人正拿着地板清洁剂，一罐一罐看，还打开一罐，喷了一下。

接着，不超过两分钟，就听见一声尖叫、一声巨响，一个顾客躺在地上。

当救护车把满脸鲜血的受伤者抬走时，我看见那个试用喷剂的女人也躲在人群中。我相信摔倒的顾客，八成踩到了那女人喷在地上的清洁剂。

你说，她这么一个不小心，造成严重的伤害，甚至可能夺去一条命，就算没人知道，她的良心能不受谴责吗？

这么多年来，我常想起那一幕，也常自责——如果我当时能警告那个女人，阻止她随便喷或劝她喷了之后擦干净，说不定就不会有后来的悲剧了。

所以，今天我要叮嘱你：

我们要总为他人着想，别因为自己的“不小心”，造成别人的“不小心”和永久的“伤心”。

我们甚至应该在发现路上有障碍，可能造成别人危险的时候，主动把障碍移开；在自己没看清楚台阶差点摔倒时，立刻告诉跟在后面的人：

小心！这里有个台阶。

慎行
人生路　小心走

你很可能听见重重的一声撞击，接着有个躺在地上鲜血直冒的摩托车骑手和已经滑出去几米被车门撞坏的摩托车。当然，还可能有被车子撞伤的你。

你就要去三天的毕业旅行了，接着又要去七个礼拜音乐营，晚上我在晚餐时，特别叮嘱你在外面要一切小心，尤其注意过马路。

你一笑，说你这么大了，还不会过马路吗？

我则实话实说地告诉你，因为咱们家在学校附近，每天又由你妈妈开车接送，你太缺乏过马路的经验，只怕你大表弟过的桥都比你走的路多。

你妈妈又笑着补了一句："只怕她小学二年级的小表弟也比她走的路多。"

孩子，你是不小了，已经可以合法地一个人留在家里，也能去帮人家看小孩了。但你必须知道，你在外面的经验还是太少，每次出远门都是跟着爸爸妈妈，所以你绝对不能自以为很棒。尤其重要的是，你得知道出门就不等于在家，出远门就不等于在自己的小镇上。

《礼记》上有句话"入境而问禁，入国而问俗"，意思是你初到一个地方，必须先问那里有什么禁忌，进入别国时，一定要问问当地的习俗。你没听不久前来过咱们家的郭伯母说吗，当她在阿拉伯国家的时候，出外都得罩上黑袍；各国外交人员的女眷都这样，到了宴会的地方，再脱下黑袍，露出里面时髦的装扮。

为什么她必须那样做？因为那是当地的规矩，就算她是外交人员的太太也得遵守，否则就可能有麻烦。

你哥哥也说过，在曼哈顿开车就不等于在我们的小镇上开车。在我们镇上，如果看到绿灯变黄灯，要立刻刹车；可是在曼哈顿，如果后面跟了一辆大货车，就算黄灯都快变红灯了，也得冲过去。

为什么冒这个险？

因为不冒这个险，后面就有更大的危险。那后面的大货车，想着你的小车会冲过去，他也能“抢”过去，所以看到黄灯，非但不减速，还猛踩油门。没想到你这时候紧急刹车，他来不及，就算反应快，由于车子大，也已经刹不住。

你想想，如果是你开车，看到黄灯刹车，有错吗？当然没错！可是在不同的环境之下，就可能成为不可弥补的错误。

我初来美国的时候也有这样的感想，发觉两边停满车子的巷弄里，如果小孩子像在中国台湾一样，在中间跑来跑去，很可能被来往的车子撞上，所以总叮嘱你哥哥小心。

这是因为那里的驾驶人已经习惯了，他们在巷弄里特别谨慎，美国的驾驶人则没那种危机意识。

同样的道理，你以后注意，我们初来美国的朋友开车，就算开在“干道”上，一定也会在每个小巷口放慢速度，防止有突然冲出来的车子。

可是当他在美国待久了，就再也不会减速。本来嘛！干道车先行，巷口都有“STOP”的红牌警示，小巷里的车子一定要先“完全停止”，看清楚两边没有车，再出来。

这时候如果有个刚到美国的驾驶人，在他原来的国家不习惯遵守“STOP”的警示，一下子冲出来，是不是就跟疾驶而至的干道车撞上了？而且撞得一定不轻。

在这儿不能不沉痛地告诉你，我在多年前，刚来美国的时候，就听说一个画家朋友在佛罗里达的公路上出车祸，夫妻双亡。

接着我原来服务的公司的摄影记者，在纽约长岛被车撞死。

又过没多久，曾经跟我一起采访的一位中视驻美记者也在加州出车祸，他临死前不断用英语喊着：“Help me！Help me！（帮帮我！帮帮我！）”那在异乡用异国语言求救的悲惨画面，至今还总在我的脑海浮现。

后来我常想，为什么有那么多刚来美国的朋友出车祸？难道他们走路特别不小心吗？还是开车技术太差？

经过许多年，我才想通，就是晚餐时告诉你的——因为换了地方，换了交通习惯与伦理，他们不习惯。

或许你要问，那么你该怎样做呢？

好！我简单地说——

你要严格遵守交通规则，当一边路灯由绿变红的时候，你千万别以为另一边就必定由红变绿往前走，因为那里可能有左转右转的信号灯，另一边正有车子抓紧时间转弯或直行。

所以你一定得看清楚，自己要去的那个路口的信号灯确实显示可以走了，再等两秒钟，才起步。

其次，你穿越大马路要维持一定的速度，千万别突然变慢、变快。这来自我一个惊心的经验——

当我还在台北念大学的时候，有一天正穿越马路，抬头突然看见要搭的公交车来了，就快步向前跑，才跑了半步，就见一辆摩托车，十分惊险地从身边斜斜擦过去，那骑手还不断回头看我，一边看一边骂，好像骂我为什么突然快跑，害他差点撞死我。

他骂得一点没错，因为在交通繁忙的地方，开汽车和骑摩托车的人常算着行人走路的速度，在车阵里穿梭。他原先算你还不会走到，正加速往前冲，你却突然向前跑，就很可能撞上。

还有一点，就是上下车，你绝不能像在我们小镇上坐学校巴士一样，突然从车上跳下来或由车边跑出去。

因为在我们小镇上，学校巴士一停，连对面车道的车都得停下来等着，否则就要被罚一百多块。可是只要到纽约市，交通规则就不一样了。

你更要知道，当别人开车、你下车时，一定得要求开车的人把车子尽量靠在路边，别在离路边还有一段距离的地方停下。虽然在我们小镇上，那样做多半不会出问题，但是如果有一天你到曼哈顿，可能才开门，便撞上后面疾驶而至的摩托车。假使你到台湾地区，就更危险了，你很可能听见重重的一声撞击，接着有个躺在地上鲜血直冒的摩托车骑手和已经滑出去几米被车门撞坏的摩托车。

当然，还可能有被车子撞伤的你。

对不起！只为了你将出远门，我就说了这么多，希望不会把你吓到。但是我也要强调，希望你能永远记住我的这席话，它可能让你受用一辈子。

公益
只因为我看到

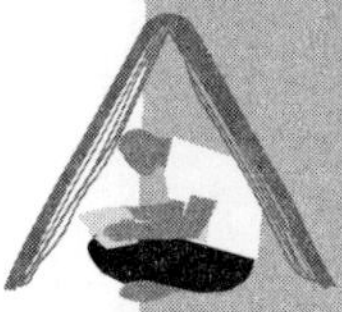

孩子！“只因为我看到！”这是一句多么简单却又意味深长的话！如果世上每个人都能“因为看到”而去帮助那些需要帮助的人，即使每个人看到的只有一两个人，加在一起不就是全人类帮助全人类吗？

“孙长珍小妹妹的眼睛已经完全看不见了。”

燃灯助学基金会的张阿姨在电话里告诉我。

我是秋天到贵州去看“帆轩四小”的时候，见到长珍的。那一天，虽然早说好不要有欢迎的仪式，家长们仍然穿着苗族传统的服装，唱着歌，递给爸爸一杯又一杯他们酿的美酒。几十个小朋友则摇着小小的红旗子，欢迎我和当地教育官员的到访。

每个小朋友都露出纯真的笑容，我跟他们一一握手，在低年级的小朋友中，握到一个高个儿女孩子的手，她没有笑，茫然地看着正前方。我细看，发现她两只眼睛的黑眼珠都是白的，只有左眼，在一片翳障之间，略略有些透光的地方。

“你的眼睛怎么了？”我问她。

“快看不见了。”她小声地说。

“还能读书吗？”我又问。

她没答。

“有没有去看医生？”我再问。

她隔了好几秒，才挤出两个字，又因为乡音很重，我没听懂，还是在一旁的校长补了一句：“她说‘没钱！’”

我当时没有多讲，进教室听小朋友致欢迎词，跟校长老师们讨论建校的事情，接着在门口合影。

可是我心里一直惦记的，是那个半盲的小女孩。

临走，小朋友又排队送我。我特别在队伍里找，找到她，问她的名字，知道她叫孙长珍，今年十一岁。

然后，我蹲下来，蹲在她的面前，拉着她的手，对她说:“没钱,没关系,叔叔帮你找医生。”

我坐的车子,驶离校门,开上那崎岖不平的乡间小道,校长和几位老师走到车边挥手。我又摇下车窗,对校长说:“叫长珍放心,我想办法为她治。”

隔天我去了遵义,再隔一天,飞去北京,但是已经拜托贵阳西西弗书店的朋友,把长珍带去贵阳眼科医院检查。

报告立刻传到我手里,但不太乐观,说她只剩左眼还有零点一五的视力,双眼角膜都有白色混浊,虹膜与角膜都有粘连,瞳孔又被牵拉变形,眼底则无法看得见,还不知道视网膜的情况……

我不死心,回台北之后,又请北京的曲阿姨,把长珍的检查报告拿到著名的协和医院。医生看了也摇头,说虽然可以角膜移植,但是不能恢复视力,因为长珍眼疾已经拖了五六年,有了弱视,又可能有“继发性”的青光眼……

回到纽约,我立刻把这消息告诉燃灯助学基金会的朋友。多令人感动啊!燃灯的张温洳阿姨不但在春天亲自去了贵州惠水,还带了医生,再为长珍检查。

只是,去的医生也摇头。

“长珍立刻就哭了。”张阿姨回来说,“我也好伤心,可是能怎么办呢？所以给了她一些钱，安慰她。”

我和你妈妈还是不死心，向美国医生请教，开医院的王绪伯伯说把病历给他，他去找眼科医生研究。

只是，检查报告都不太完整了，没有很详细的说明，也没有清楚的照片，单凭那简简单单几行字和一张普通大头照，医生很难判断。

就在这时候，我们得知：

长珍已经完全失明。

难道她终生再也看不到了吗？难道我们就此完全放弃了吗？

许多朋友说：这世上需要救治的人太多了，我们可以去捐建更多学校，让更多孩子读书，不必为一个孩子花那么多钱。

但是，我也想到台湾地区的证严法师，帮助长江水患的灾民重建家园，有人问她为什么这样做时，她说：“只因为我看到。”

是的！孩子！

只因为我看到，只因为我们知道，只因为她是我们捐建的“帆轩四小”的学生，在这茫茫人海中，我们居然能相遇，有这样的缘，我们就该尽力。

我想了一夜，决定把长珍接到北京，再做一次详细的检查，能换角膜就换，即使不能保证成功，也要再试一次。

孩子！

“只因为我看到！”这是一句多么简单却又意味深长的话！如果世上每个人都能“因为看到”而去帮助那些需要帮助的人，即使每个人看到的只有一两个人，加在一起不就是全人类帮助全人类吗？

孩子！我多高兴啊！

傍晚，当我跟你说长珍小朋友的事，你先低着头听，隔了一阵，抬起脸说：

“长珍什么时候去北京检查？我也想去看她。”

（编者按：2004年初，刘墉夫妇已经与刘轩、小帆一起陪孙长珍在北京同仁医院治好了一双眼睛，医生说长珍未来生活不成问题了。刘墉一家还在隔年8月去贵州惠水看望孙长珍，小帆为长珍和她的同学们做小提琴演奏。这些年，刘墉一家致力于大陆的公益活动，目前，刘墉先生已在大陆捐建三十七所希望小学。）

尊敬的刘伯伯、刘伯母：

您们好：

我是您们的女儿孙长珍，有光感谢您们一家人对我的热心、帮助，我今生今世不会忘记。

刘伯伯、伯母：自从老师说您要带我去北京治疗眼病的那天起我就特别激动，因为我从小盼望着像其他孩子一样有一双明亮的眼晴。今天，绤于盼来到了。那些日子，我一直没有睡好觉。2003年12月22日，您一家人把我接到了北京。在以后的几天里，您一家人陪着我到医院检查治疗。因我是大山里的孩子，第一次到外面去，心里特别的高兴，不知说什么好。当配好镜子后，心里特别高兴，绤于能清楚看到您们了，看到美丽的北京了。

如果没有您们的帮助，我就不会在这亲自提笔写字，就没有今天。

刘伯伯、伯母：今生我一个大山里的孩子能有这么一天，是我的幸运，也是整个山里孩子的幸运。回到家里，我把您们的帮助与家里人和伙伴们讲了，他们都说我遇到贵人相助。伯、伯母：今天您们远还万里来到我家来看我，我一个不起眼的小村小女孩，能得到您及家人的关爱，今天我只有好好学习，好好做人来报答您们。虽然路程遥远，但我会时时记住您们，想念您们。

祝伯伯、伯母、哥哥、姐、身体健康、幸福快乐！

女儿：孙长珍

2005、8、14

康复后的刘长珍写给刘墉夫妇的亲笔信

幽默
幽人生一默

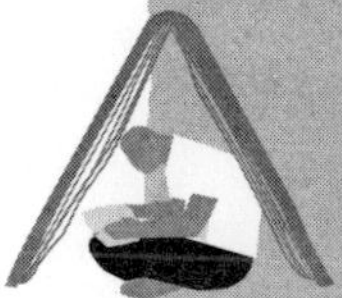

你要知道“幽默感”非常重要，它不但能显示你的机智，更能帮助你化解尴尬。幽默是一种生活态度……有幽默感的人显示他有更大的韧性。

我给你哥哥回了一封邮件，为了省事，我是用“英文拼音”加上“四声”，并没有换成中文字：

ni3de4maomitai4ke3ai4le……（你的猫咪太可爱了……）

今天晚上，你哥哥来电话，我问他收到没有，看得懂吗。

“我还以为是乱码呢！”你哥哥在那头笑，“原来是密码。”

我正得意，却听见他又加了一句：“一个十四亿人都懂的密码！”

傍晚，我和你妈妈牵着手在街上散步，被右邻的尼克看见了。

“哈！好像蜜月情侣。”尼克从他的院子里喊，“害我都想在佛罗里达的老婆了。”然后他走出来，故作神秘地问，“我老婆说好想我，女人这么说，你信吗？”

我说：“我信，女人总是跟丈夫说‘你不在，我好想你’。但是又跟她的朋友说‘老公不在，我好轻松！’”

尼克就笑弯了腰。

刮飓风，家里停电，全家人不得不去中餐馆。

大概因为客人太多，他们上菜上得奇慢，你记得我当时怎么消遣领班吗？

我说：“你们是不是临时去钓的鱼啊？”

没想到领班一笑：

“是啊！我刚才看见大厨湿淋淋地回来，现在我就去催他！”

还有一次，我们在那儿请客，菜上了一道又一道，有客人打趣地问那领班："天哪！只怕这是第三十道了吧？"

那领班也答得妙：

"不！才二十九道！"

有一次，跟你妈妈聊天。

"我喜欢我的房子，我也喜欢我的车，我还喜欢我的孩子……"你妈妈一个劲儿地说。

"为什么不说你喜欢我们的房子、我们的车子、我们的孩子呢？"我不以为然地问她，"别忘了，那也都是我的啊！"

你猜妈妈怎么回答？她居然一笑，得意地说：

"你也是我的！所以你的就是我的！"

你奶奶在世的时候也很幽默。

每次你哥哥求她做什么，而我不同意、请她别做的时候，她都会笑笑：

"好！我当然听我儿子的，干吗听你儿子的啊？"

至于看电视，出现清凉打扮的辣妹时，你奶奶则啐一声：

"哼，自己方便，予人方便。"

孩子，你知道我为什么说这么多有意思的事吗？

因为晚餐时，我要你背《论语》“十有五而志于学，三十而立，四十而不惑，五十而知天命，六十而耳顺，七十而从心所欲，不逾矩”的时候，你前面都会，只是背到七十，忘了。

“七十……七十……我只记得是什么不矩。”你说。

你正为想不出懊恼，旁边的外公却笑道：“没错！没错！七十是什么都不举了！”

当时大家都笑歪了，只有你愣在那儿，不知怎么回事。

外公的幽默，你以后自然会懂，我就不解释了。只是你要知道“幽默感”非常重要，它不但能显示你的机智，更能帮助你化解尴尬。

有个秃头的爸爸过生日，孩子送他一瓶生发水。他打开盒子，手不稳，瓶子掉在地板上，打破了。

大家正不知所措，老爸却一笑：

“太好了！地板改天成了地毯，也不错。”

还有个笑话——

丈夫找东西找不到，气急败坏地问太太，太太没两下就找到了。

“白长了一双大眼。”太太怨丈夫，“找什么都找不到。”

丈夫却一笑："长对了一双大眼，找到了好老婆。"

还有一回，我坐电梯，临关门，突然冲进一个人，但是电梯往上走的时候才发现他要下。电梯里的人正不知如何是好，那人却先开口了：

"太棒了！ Round trip（环游一场）！"

全电梯里的人都笑了，还有人在出电梯时，回头幽他一默：

"Have a nice trip."（旅行愉快。）

再说个真事。我有个朋友，出差，住旅馆，半夜醒来迷迷糊糊地上厕所，打开门走进"厕所"，才发现门开错了，到了走廊，回头，门已经自己锁上了。

你说这情况尴尬不尴尬？

一点也不尴尬，他穿着睡衣，到旅馆大厅，居然理直气壮地对着柜台的人笑道："你们这个厕所太大了，我还是回去用那个小的吧！"

孩子，在未来的岁月，你会发现，有许多情况你不能直接回答，却能用幽默化解；你也会发现，在宴会的场合，适度的幽默以及对别人幽默的恰当反应，比什么都重要。

你甚至该知道，幽默是一种生活态度，就像前面我举的那些例子，幽默使你把负面的东西化为正面，有幽默感的人显示他有更大的韧性。

孩子，你已经上高中，也是该表现幽默感的时候了。

在你读书读得有点思想僵硬的时候，换个角度看世界吧！

你爷爷过世四十五年了，我至今还总记起他说的一个笑话——

有个傻子，看到一口缸。“太奇怪了！”傻子说，“这缸怎么没有口？”他把缸翻过来，又说，“更奇了！这缸怎么没有底？”

我那时小，不懂，也没笑，但是而今愈想愈有意思，原来换个角度想，连一口缸，都能生出一番幽默！

处世
铲雪奇案

孩子，这世界上有谁是百分之百的坏人呢？只是有人太自私、太利己，于是损了人，也可能因为环境，使他误入歧途。恨的问题是要用爱来解决，而不是用恨。只有彼此体谅、各退一步，才能创造双赢。

家里出了奇案！我们居然被一个不相识的园丁告了。原因是他半夜跑来铲了四次雪，由于他来得早，我们自己的园丁赶到时，发现雪已经铲过。直到我们接到那“陌生人”的账单，才发现出了“乌龙事件”。

从我们的角度，那陌生园丁半夜三更几次闯进院子，我们可以告他侵入。

而在他看来，他为我们多次铲雪，我们并没有阻止，他认为我们是占他便宜。

于是将我们告上法庭，要我们付他全额的铲雪费。

这奇案一下子惊动了很多人。

首先，你妈妈一家家打电话，问邻居有没有多管闲事，叫那园丁来我们家铲雪。确定没有之后，又去警察局备案，说有人侵入。

我们左邻的老律师更自告奋勇，说要帮忙辩护。他是闻名全国的大律师，居然愿意免费出庭，还说他实在好奇，想看看这是怎么回事。

当然他也讲，我们可能不会赢，因为依照“罗马法”，我们是既得利益者，那个人毕竟为我们铲了雪。

其实我原来也想付钱了事，只是不安又不服。不安的是为什么莫名其妙跑来这么个人。我必须弄清楚是谁叫他来的，还是他存心讹诈。

不服的是，我们从没要他铲过雪，如果我改天没征得他同意，跑去他家剪草，难道我也可以向他要“服务费”吗？

我的老同学汪律师，幽了我一默：

“哈哈！你可以在法庭上问他，如果你去他家刷油漆，是不是要向他收费，而且因为你是名画家，要加倍计价。”

我们决定出庭。只是当我告诉你“我倒要看看是什么人，还要去自我介绍，跟他握手聊聊”的时候，你的眼睛一瞪说：“妈妈去就好，爸爸不要去，爸爸滑稽滑稽的，被人告了，还笑嘻嘻。”

天哪！我当时愣住了。我这个法律记者出身，而且写了几十本“处世学”的人，在女儿眼里原来那么不中用。

孩子！爸爸要向你抗议——我不是你和妈妈说的“滥好人”，只是处世比较圆融罢了。

冬天，我在沈阳的法庭，告盗版书商。开庭之前，还和那些被告握手寒暄，为他们拿来的正版书签名。

我们台北办公室大楼里有纠纷，我因为是管理委员之一，被一个住户告了。他告我之前，先来通知我：“对不起！刘先生，因为我告管委会，就不能不把你列进去。”

结果我出了庭，跟被告、原告都握手致意，还在庭上对法官说明我的立场，希望大家以和为贵。

我确实看起来像“滥好人”，但我只是从对方的角度考虑，换作我是“他”，我会怎么办？

我也认为应该“对事不对人”，正因此，任何法律事件我都请律师出面，免得当面撕破脸。我也有我的原则，别人如果欺负我、给我不公平待遇，我一定还击。

你是知道的，我初来美国的时候，有一天坐灰狗巴士，明明前面有空位，售票人员却把我的座位划在最后一排，我立刻去质问他是不是有种族歧视。

多年前，我们全家还一起出动，到印度尼西亚大使馆前示威，抗议印度尼西亚排华事件。在你记忆中，恐怕我们全家总动员的情况少之又少。那一天，为什么我坚持要去？

因为那是我对中华民族的坚持！

孩子，爸爸做事确实很特殊——

就在昨天晚上，我打电话给一个出版社的社长，先告诉他我要送他一幅字，但是接着讲我不能再与他续约。

我也在许多年前，再三请求台北的一个装订厂降价，并在那老板女儿出嫁时送礼去。可是，当他仍然坚持不降价后，我立刻转移到别的厂家。

你知道的，我们过去多年来，告盗版商获赔的钱，全部捐给希望工程了。

那都是我的坚持。那个装订厂的价钱不合理，又不去改进，当然可以不再往来；盗版商赚不义之财，侵害了知识产权，我当然要告他。

但是同一时间，我也有情。

孩子，这世界上有谁是百分之百的坏人呢？只是有人太自私、太利己，于是损了人，也可能因为环境，使他误入歧途。

恨的问题要用爱来解决，而不是用恨。只有彼此体谅、各退一步，才能创造双赢。

我确实可能被称为“滥好人”，晚上我甚至操心，如果那告我们的园丁，在庭上撒谎，硬说是我们要他铲雪，怎么办？我不是怕输了官司，而是不希望他为那几百块钱撒谎。

那么大年岁了，还撒谎，是多么可悲的事。

早上九点半，我和你妈妈在隔壁老律师的陪同下，去法院出了庭。

告我们的园丁没有讲是我们叫他铲雪，只说他铲错了人家，怪我们没有早早通知他。

在法庭外，我先和他打了招呼并自我介绍；走出法庭，我们又握手道别，表示发生这种事真遗憾。

我和你妈妈都很高兴这个“结果”，也觉得法官真有意思，笑脸迎人地先跟我们谈，再跟园丁谈，又与每个人一一握手。

谁说法制没有情？

谁说法律严峻的外表背后没有一颗温暖的心？

谁说人一定要张牙舞爪才能获胜？

今天我和园丁各退一步，双赢。

第三章 读书

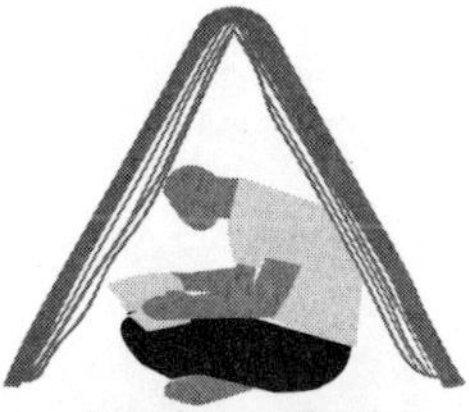

读了一本坏书，
也就浪费了
能读一本好书
的时间。

出头
拼命做个人上人

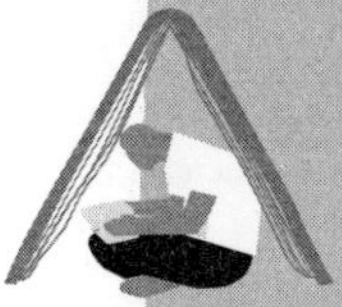

你看看四周的同学，尤其是犹太人和中国人，他们的父母不是都想尽办法，给孩子补习，叫孩子到医院当义工，为孩子报名参加科学竞赛，甚至为孩子找老师教网球、击剑、游泳和溜冰，建立得奖记录，好争取进入常春藤盟校吗？

“不是只有我会拖，老师也会拖。”

你一边看我昨天写的文章一边抗议：“老师在学期开始的时候都慢慢教，讲一堆废话，到了学期要结束之前又拼命赶。老师赶，害得我们也得赶，所以期末考试之前特别忙。”

说完，你接着往下看，又抬头问：“那台湾地区的小孩为什么要先睡个觉？睡觉做什么？害他晚上都睡不着了。”

我就笑说你是“饱人不知饿人饥”，问你要是你夜里只睡了五个钟头，就算回家先睡一个半小时，加起来也只有六个半小时，你会晚上睡不着吗？我又告诉你台湾地区的小孩有多辛苦，同一科，他们常常要念好几种不同版本的教科书，每天不但上课比你早、下课比你晚，而且经常留校补习，补到八九点才能回家。

你就瞪大眼睛，问为什么这么苦。

孩子！我也常责怪为什么中国人那么狠地逼孩子，把孩子逼得早早就戴上近视镜，甚至有孩子因此做出过激行为。

我还做过比较，发现我这一代的健康反不如上一代。原因是上一代身处在第二次世界大战的环境，常常要躲轰炸、换学校，有了不少“中间喘息”的机会。相对地，我生在一九四九年的台湾地区，战争过去了，但是学校少、学生多，入学考试的压力大，于是有了所谓“恶补”。

我小时候，就已经常常要留校补习。在我记忆中，总浮现那个背着重重的书包，书包里装着《图解算术》，在夜色中回家的画面。

你能想象当你学跳舞，学唱歌，学钢琴、小提琴，每天还轻轻松松的小学六年级，许多台湾地区的孩子已经去补习班补习了吗？

我曾去过一个有名的中学，那校长说他们的毕业生百分之九十以上能考上重点大学；又说他们特别在山边盖了一片房子，高三的学生一律送到那儿去住校，就好像以前读书人常到深山庙宇里苦读一样。

不只是名校，我有一年去深山偏僻地区的一个小学，那里的校舍破旧不堪，孩子们身上穿着五颜六色的“百家衣”。但是你可知道，那里的孩子居然对我说，他们只看到灯光和月光吗？他们说，每天天不亮就起床念书，太阳下山之后还要留校补习，所以难得看得到太阳。

在那个年代，据说因为土地贫瘠，有些学生全家只有一套能出门穿的衣服，大家轮着穿；甚至有人穷到没衣服穿，没被子盖，天冷时躲在草垛子里。

但是，那些父母还是拼了命，要送孩子上学，要为孩子交“补习费”和“代课老师费”。

后来，我跑了许多偏僻地区的学校，除了我们捐建的希望小学，也去了偏远少数民族地区和建在窑洞里的学校。

他们都太苦了。一个老师的月薪可能不够你看两场电影，一家两个孩子可能因为交不起学费而轮着去上学。

但是，我发现他们都拼命用功，他们的父母可以不识字，却都知道逼孩子念书。

渐渐地，我了解了，“十年寒窗无人问，一举成名天下知”“书中自有黄金屋，书中自有颜如玉”……苦读才能出头的观念，已经在中国人的心里根深蒂固。就算是现在学校多了，在台湾地区，甚至录取率超过百分之百，大家还是要拼。

为什么？

因为要拼进好学校，因为要“强出头”。

孩子，其实你有什么好不解的呢？

你看看四周的同学，尤其犹太人和中国人，他们的父母不是都想尽办法，给孩子补习，叫孩子到医院当义工，为孩子报名参加科学竞赛，甚至为孩子找老师教网球、击剑、游泳和溜冰，建立得奖记录，好争取进入常春藤盟校吗？

正因此，犹太人能从第二次世界大战时四处被排斥，发展到今天，在美国社会虽是少数，却有举足轻重的地位；

华人则能成为美国平均学历最高的族群，在各方面有杰出的成就。

这些民族，尤其是那些经历苦难的民族，无论在哪个国家，他们心底自然有股力量——

拼命做个人上人！

镇定
平常心　心常平

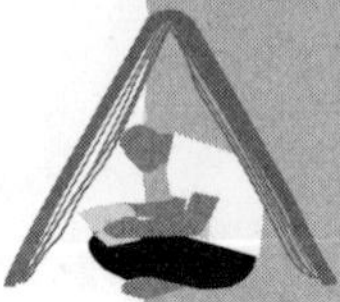

“平常心”要以“平常”来准备，而非临时抱佛脚。“平常心”也是“心常平”，让你的心总保持在平静的状态，才能以不变应万变。

“马上就要生物科会考了，我好紧张。”晚餐时你皱着眉说。

“要有平常心。”我先简简单单地答，又加了一句，“我和你妈妈就有平常心，所以明明知道你要会考了，也不多问你，怕你因为我们问而更紧张，也更没有平常心。”

"什么叫平常心？我不懂。"你说。

好！我就用平常心跟你谈谈平常心吧！

平常心就像这三个字，是"平常有的心"，是"平常的心情"。举个例子，你平常早餐都吃一个鸡蛋、一块面包，晚上都睡七个小时觉；考试的时候，也像平常一样睡七小时觉，早晨吃一个鸡蛋、一块面包，就是有平常心。

至于没有平常心的人，可能碰上考试只睡五个小时，早上为了增加体力，多吃一个蛋、一块面包，还多喝杯果汁、吃根香蕉，到了考场，又灌下一瓶鸡精（浓缩鸡汤）。结果，你猜怎么样？

因为他的生活方式跟平常不一样，睡得少，本来新陈代谢已经不好，又吃太多东西，不习惯，反而可能在考场胃痛。

我就曾经在参加大专联考的时候，因为没有平常心而呕吐；我也曾经因为没有平常心，在上电视主持特别节目的那天，脸上长了两个大疱。

为什么？

因为考试之前，我为了补充体力，特别买了几瓶健康饮料，那饮料的主要营养成分是氨基酸，我不习惯。至于主持节目长大疱，则因为我在前一天晚上照镜子，看到几个粉刺，挤又没挤好，造成发炎。

我平常总挤痘子，很少发炎，为什么偏偏那天出问题呢？

很简单，因为没有平常心——

平常我要挤就挤，反正第二天没什么大事，挤坏了也没关系；可是那一天既想挤又不敢挤，生怕挤不好，结果因为不敢用力挤，反而没挤干净，造成第二天发炎。

所以我说，要有平常心，你平常习惯怎样，考试前保持那样，就不会出问题。

我甚至建议你完全照平常的时间上床，即使早准备好了，也别因为想多睡几个小时而提早睡觉，因为太多人得过这样的教训，就是碰上第二天有大事，早早上床，既不困，心情又紧张，反而造成失眠。

妈妈在晚餐时也说过——

她学生时代，大考前不洗头，考试那天不穿新衣服新鞋子。

我在学生时代跟她一样，那也是一种维持平常心的表现。因为当你放太多的注意力在服装上面，或是穿了自己不习惯的衣服、鞋子，剪了不习惯的发型，造成分心，或临时出了情况，反而会影响考试。

举个例子，我小时候有一次参加全台北市的演讲比赛，特别在那天穿了新衣服、新皮鞋，就差点出问题。

因为才弯腰系鞋带，裤裆就咔嚓，裂了。等缝好裤子，匆匆出门，又发现那双皮鞋因为是新的，硬，磨脚，走一步痛一下，造成我连上台都一拐一拐的。

你说，那不平常的心，不是弄巧成拙吗？

经过大半辈子，我觉得愈是碰上不平常的事，愈要有平常心。

所以，在做胆囊切除术的前一天，我跟平常一样写文章、看书、看电视剧，跟平常一样时间上床；我每次出国前，也必定跟平常一样的时间睡觉、起床、打球。

我见太多了！许多人在出门旅行前，赶着安排未完的公事，上飞机前一夜，先赴应酬，大吃大喝，又装行李装到深夜，结果还没出门，已经扭伤了腰，上飞机之后又开始泻肚子，加上出门之前休息不够，没几天就感冒了。

或许你要说，出门前的事情当然要安排好，行李也当然要装。

对！这正是我强调的。

愈是将要面对不平常的情况，你愈应该早早安排，把那不平常的负担，用前面充裕的时间分散。如同考试，你想能有平常心，就应该在平常早早准备；你想出门之前表现得从容，就应该早早去规划，甚至两三天前已经收好行囊；你想要穿新衣服上台，则应当早早就把衣服试穿一遍，甚至穿上鞋子里外走走，看看步子跨不跨得开，脚又会不会踩到裙角。

“平常心”要以“平常”来准备，而非临时抱佛脚。

“平常心”也是“心常平”，让你的心总保持在平静的状态，才能以不变应万变。

所以，只有平常就努力、平常就警醒的人，才有资格谈“平常心”。

自然

院子里的万灵丹

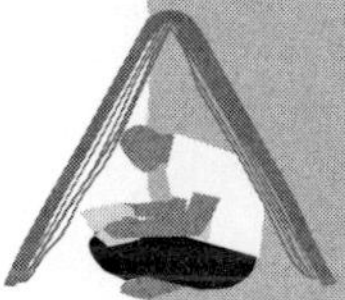

我们活在这个世界，就要尽量观察这个世界，欣赏它的美、认识它的奇妙。你认识得愈多，生活愈充实。

我到巷口等你放学，陪你走回家的路上，伸手从树丛里摘下一片叶子，揉一揉，要你闻。你先躲，好像怕有虫。

“是香的。”我说。

你细细闻了一下，才笑起来，说：“真是香的耶！”又问，“是什么树叶啊？”

“是黄樟树。”我指给你看，“种子掉下来，每年都会自己长出好多，必须常常清理。”说着又摘下几片叶子交给你，“你回去查查看，这树有用极了。”

才进门，我就交给你一本奥杜邦学会（Audubon Society）出版的《北美树木手册》（*Field Guide to North American Trees*），你一愣，问我怎么会有这种书。

“因为我刚来美国的时候，发现好多街道都用植物命名，觉得非认得那些树不可，所以早就买了这本书。”说着，我叫你把那片黄樟树的叶子放在桌上，跟书里的图片做比对。

你先是不太愿意，说功课忙，没空，但是在我的坚持下还是查了。

“是Sassafras（檫树）耶！”你指着图片说，又翻到文字解说的部分，接着叫了起来，“原来黄樟的树皮和根可以提炼香精，做香水、肥皂，还能做茶，早期欧洲移民大量运去欧洲，认为可以做万灵丹呢！”

“看吧！多棒！”我说，“咱们家院子里有这么多万灵丹，以后你再看到地上冒出新的小树苗，就不会以为它是野草了。”

傍晚，外面下雨，我又撑着伞出去摘了三种不同的树叶回来，妈妈直骂爹地为什么下雨天跑出去，她不知道这正是开花的时节，下雨天花叶又垂得特别低，我只要一跳就能摘到。

我把那三种带花的叶子放在桌上，叫你过来查，又帮你翻英汉词典，知道了它们的英文名字——

带着长长流苏花的是甜桦树（Sweet Birch）。

有着圆圆扁扁小种子的是榆树（Elm）。

开着成串香香白花的是槐树（Locust）。

“桦树的树汁可以做糖，还能酿造桦树啤酒呢！”你说，“我们可以照书上说的，划开树皮来收集糖浆。”又叫起来，“现在我知道为什么松鼠会把榆树叶子咬得满地都是了，原来榆树的嫩枝子又香又甜，还能做咳嗽药。还有槐树，早期移民用它来盖房子，印第安人拿它来做弓。”

我则告诉你，槐花可以用来欣赏、闻香，还能拿来炒蛋。中国大连市的路灯，一串一串的，就叫“槐花灯”。又说榆树那种扁扁的种子，看起来好像圆圆的铜钱，所以中国的文学作品里有“春风十万散榆钱”这样的句子，意思是春风把成千上万像铜钱一样的榆树种子吹得漫天飞舞。

“咱们车道上、阳台上，不是堆了好多绿绿的东西吗？你不细看不知道，那些都是榆钱啊！”我指给你看。

孩子，我知道学期要结束了，有好多报告要交，但是现在正开花，也正是鉴别树木最好的时候，所以我坚持要你今天就查。

而且你会发现，过去你走过院子，只是看到许多树，现在却能见到许多你认识的树，你能叫得出它们的名字、说得出它们的用处，甚至形容得出它们的味道，这就好像过去你只见到一批陌生人，现在却能认识他们，知道他们的名字、特征、特长，那些原来与你无关的陌生人，一下子全成为你的朋友。

孩子，我们活在这个世界，就要尽量观察这个世界，欣赏它的美、认识它的奇妙。你认识得愈多，生活愈充实。你甚至会发现在认识一棵树的前一天和后一天，看到它的感觉都不一样。好比过去擦身而过的陌生邻居，从你认识他的那一天开始，就可以彼此打招呼了。这才是快乐的学习，也才是活的知识啊！

说个小秘密，我也是看了《神奇的多用途植物图鉴》，才发现我小时候院子里种的朱槿（扶桑花），除了可以欣赏那朱红的花朵、吸它甜甜的花汁，那花的根茎叶还可以做药，不但能消炎解毒、通便止血，还能治高血压、口腔炎、尿道炎、肠炎和妇科疾病呢！

所以我下次回去，如果碰到朱槿，一定要跟那花打个招呼，对“她”说：

“真对不起，认识你几十年，画了你几十年，也跟你做了几十年的邻居，我却到今天才知道你这么伟大！”

认识自然，是我们每个人都要“活到老，学到老”的功课啊！

中文
打开一扇门

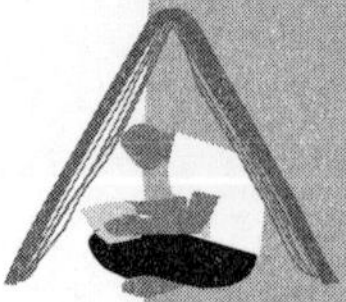

我要你不致前功尽弃，更要为你开一扇门，带你通向五千年的中华文化，使你有一天，从中文书架上随便抽下一本书，就能与我们的祖先沟通，就能建立你的民族自尊，成为一个有根的人。

我和你妈妈有些争论，起因是我问她，你这礼拜的中文功课做了吗？

妈妈说你学校功课忙死了，每天还要练琴，哪有时间做中文？

我就不高兴了，怪她不支持我的中文教育，又怪她好几次当着我的面，说功课太多就不用念中文。

不过妈妈后来解释，那是因为她私下已经催过你，不希望我再给你更大的压力。

我当然知道，学中文对你是压力。因为你哥哥小时候就一边看着窗外邻居孩子玩耍，一边擦眼泪，一边写中文。

但是，他的努力没有白费。

记得我在他十八岁那年，第一次带他回中国的时候，他才上飞机，就惊讶地说："天哪！这里每个人都说中国话耶！"

到中国之后，他就更震撼了，他发觉原来只有在家里才用的中文，一下子变成充满天地间的东西，那里有十四亿的人口，个个说中文。

更重要的是，在美国不管他英文多棒，还是有"少数民族"被白人包围的感觉；但是在中国，每个人跟他一样，说中国话、看中文书、吃中国食物，甚至跟他流着一样的血液。

他突然有了当家做主的感觉。

孩子，我也希望你当家做主啊！

记得不久前，你曾经怨我们不是英语家庭，所以你的英文词汇不如洋孩子多的时候，我怎么说吗？

我说，正因为我们在美国有这样的弱势，就更要把握中国人的优势。

什么是中国人的优势？

那当然是中华文化！想想，你那些参加中文社团的美国同学，他们是不是辛苦死了还学不到你的十分之一？谁让他们没有中文家庭，不像你回到家就能说中国话呢？

你学中文当然比他们容易，这么好的优势，你岂能不好好把握？

我逼你学中文还有个原因，是希望你能读中文书。

前几天，你妈妈接到一个朋友的电话，说他有一些中文书，想要捐给图书馆，请妈妈代为联络。

那是一整套非常名贵的书，妈妈问他为什么不自己留着。

他叹口气说，因为他老了！看不动，也搬不动了，他的孩子又都不懂中文，留下来也是废物。

孩子！我也有许多珍贵的书啊！我常想，有一天该把这些书留给谁？你哥哥在中国台湾，已经有许多书，在美国如果留给你，你能读吗？

我也常想，如果不把握时间，趁你在我身边的时候，把你的中文教好，改天一入大学、一住校，只怕你的中文就荒废了。

想想你的许多华裔同学，小时候还在家讲中国话，上学后渐渐只讲英文，一开始还能讲带洋腔的中国话，后来不是连听都成问题了吗？

所以，无论你学校的功课有多忙，我都坚持每个礼拜为你上一次中文课。我要你不致前功尽弃，更要为你开一扇门，带你通向五千年的中华文化，使你有一天，从中文书架上随便抽下一本书，就能与我们的祖先沟通，就能建立你的民族自尊，成为一个有根的人。

吃完饭，我看见你坐在客厅的小茶几前，旁边放了一本中文字典，正在写中文作业。

你举起课本，说你忘了“人赃俱获”的“赃”怎么念，我告诉你，又过去为你示范一次。

我一边写，一边心疼！中文繁体字真难，想想这个赃字就有多少笔画！可是我也一边心喜，知道你无论多忙，都会把学中文坚持下去，而且你一点也没怨那赃字有多难写，可见你已经能泰然地面对中文。

我突然觉得，家里满架的中文书一下子都活了起来。

天才
谁是真天才

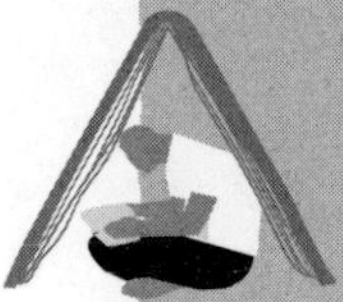

天才不怕打击，也不怕别人恶意批评，他只是认清自己的目标，以鸭子划水的方式，按部就班地前进。

下午我给你上中文课的时候，你提到某某人是天才，又说你不是天才。

“什么是天才？”当时我问你。

你支吾了半天，答不上来。

“那么爸爸算不算天才？”我又问你。

你点了点头，说大家都说爸爸是天才。

问题是，我有什么特殊呢？我说：“爸爸的记忆力，有的地方奇好，有些地方又奇坏。会背书，可是不会记人名，又不会记英文单词，从小功课不好。爸爸什么地方称得上天才呢？”

天才是一个非常抽象的名词，你很难说怎样的是天才，倒是能从许多事情上看出来，天才跟一般人有些不一样。

举个例子，大发明家爱迪生，人人都说他是天才，他也确实是改变人类命运的天才，可是他小时候却被认为是弱智，因为他连最简单的东西都搞不懂。

发现地心引力的牛顿是天才，可是当他坐在苹果树下，看到苹果落地，就想苹果为什么会往地上掉，却不往天上飞，在当时也被认为是愚笨。

于是我们发现，天才常常是钻牛角尖、怀疑别人所不会怀疑的东西的人。他对什么都好奇，不但希望知道“是什么”，而且总希望了解“为什么”。

天才也不一定都是“早慧”的。

不信你统计一下，那许多十二三岁就大学毕业，甚至十五六岁就拿博士的天才，后来又如何？在茫茫人海中，他们只是逐渐被淹没。好比我早春就在屋里培育的向日葵，虽然外面还在下雪，它们早已萌发。但是当天暖时我把它们移出去，又在旁边播了几颗新的向日葵种子。隔不久，那些后种的不但快快蹿高，而且比温室里培育的更粗壮。

即使像莫扎特这样小小年岁就成名的天才，据研究，他真正完美的作品也是在二十岁以后才产生，又因为早期透支太多而早早死去。

你说在那些大人吹捧下，早早就是小天才，有什么好处？只怕早期的虚名反而影响了他们后来的进步啊！

一个艺术系的学生也跟我提到天才这件事。他说，以前在班上，他总觉得别人是天才，因为他几个小时都画不好的东西，有些人一下子就能掌握。

他为此懊恼了好一阵子，后来想：我不是天才没关系，我勤能补拙，如果用鸭子划水的本事，默默地努力，说不定将来也能成功。

他现在成功了，成就远远超过同班的那些天才。他还对我说了一件很有意思的事——

有一天，他参加艺术系的同学会，大家都四十多岁了，各自谈儿子、谈女儿，谈怎么赚钱，甚至谈怎么为学校制作班级前面挂的牌子，可以得到不少回扣。

但是当他说他前一天下午去植物园写生的时候，那些

“天才”都瞪大眼睛看他：“什么？你还去写生，昨天多热啊！”

“那些天才都停笔了，都不再对艺术有热情，全班到现在只有我和另一个女生还在努力创作。”他得意地说，“所以我居然可以讲，如果说班上有天才，我和那女生才是淘汰又淘汰之后，剩下的天才。”

他的这段话讲得真是太对了！天才是在别人都放弃的时候他不放弃，天才是锲而不舍的努力、坚持到底的热情。天才不怕打击，也不怕别人恶意批评，他只是认清自己的目标，以鸭子划水的方式，按部就班地前进。

对！按部就班地前进。

你不是总看我在隆冬的时候点燃壁炉吗？

我再急都得忍着，先把报纸撕开，揉成一团一团放在最底下，再摆上小树枝，而后堆上较粗的枝子，最后才搁上大大的木块。

我常一边点火一边想，那些没耐心的人，可能草草堆上许多干枝子，就放上大木块。刚点燃的时候，火势大极了，怎么看都是一炉好火，可是小枝子很快地烧完，大木块还没能被烧透，那火就跟着熄灭了。只有按部就班、不急功近利的人才能成功。

天才就是这样，一步一个脚印，认清目标，坚持到底。

孩子，我不知道你是不是天才，因为天才在眼前看不到，如同一炉真正的好火在初燃时见不到；只有到了后半夜，当别人的炉火都已烧尽、别人的热情早已冷却的时候，才知道那仍然不断散发热力、温暖人间的是一炉成功的火。

我曾在远方等着，看看你们这批小天才以及不认为自己是天才却肯努力的人，谁会先放弃，谁又会坚持到底，终于攀上人生的巅峰。

公平

这世界公平吗

你可以化悲愤为力量，但你不能怨恨，因为怨恨只可能使你更偏激、更不理智，甚至造成更大的失败。

你一进门就嘟着嘴说，你参加学校诗社比赛居然没得奖。

接着就见你上楼，在浴室里擦眼泪，一边哭一边说连美国诗人刊物都收录你的作品，学校里的比赛却没得奖。还说英文老师讲你写得很好，同学也说棒，认为你绝对会得奖，一定是中间出了什么问题。

“会出什么问题呢？”我问。

“说不定诗弄丢了，没到评委的手上。”

“你把诗交给谁了呢？”我又问。

“交给了英文老师。”你说，可是又讲你已经问过英文老师，老师说早就送进去了。

“那你要不要去查，去一关一关问，或是问问评委老师有没有见到你的诗？”我说。却见你一跺脚，不高兴地讲：“问有什么用？比赛已经结束了，课都结束了，我都毕业了，就算诗真的丢掉了，找回来，也晚了。”

孩子，这下我就要说你了。当你觉得有问题、不高兴，或者不服气，你只有三条路可以走——一个是去追查，看有没有失误；一个是不在乎，认为查也没用，犯不着浪费时间；一个是好好检讨，是不是自己有弱点却不自知。

你既不高兴，又不愿意去查，还不检讨，自己在这儿生闷气有什么意义呢？这不是积极的人生态度啊！

而且，你说比赛结束了，查也没用。这话显得你太利己，有些自私。你怎不想想，如果查出来是有人遗失了文件或比赛的办法不好，甚至要那该负责的人认了错、道了歉，不是可以使主办人员警惕，让以后参加比赛的人不再吃亏吗？

这就好比前些日子学校刊物上有涉及歧视的文章发表，为什么中国家长要那么气愤，甚至把新闻登上了报纸。他们不是也可以说文章已经发表，争也没用吗？

他们争，是为了让老师和学生警惕，以后不要再随便刊登有种族偏见的文字，使以后的少数民族子弟能不吃亏啊！

还有，你不断地说不公平、不公平，比你差的作品都得奖了，你却没列名。我对你说的“不公平”也有意见，如果是别人把你的作品搞丢了，那不能算是不公平，那只是“错误”；只有当你参加比赛，别人故意贬抑你的作品时，那才叫不公平。

而且，我要问你，这世界上真是样样都公平吗？

为什么有些人漂亮，有些人丑，有些人高，有些人矮，有些人能一目十行，有些人又十目都看不了一行，有些人家财万贯，有些人寅吃卯粮，有些人生在贫穷战乱的地区，有些人生在富裕安定的国家？

这世界本来就不公平啊！

说件事给你听，我在台北时有个小女生来对我哭，说她毕业应该可以得到市长奖，但是因为每个学校有一定的名额，其中一个给了家长会会长的孩子，另一个给了有脑瘤的小孩，结果把她挤了下来。颁奖时，她在乐队里演奏，看着成绩不如她的同学领了奖，眼泪直往肚里吞，她觉得太不公平了。

我一边听，一边眼泪也要掉下来。但是我听完之后，对她说：

“你要想想那个得脑瘤的孩子多可怜！他得那么重的病，动了那么多次手术，还能有不错的成绩，真是不简单。就成绩而论，他比你差却列在你前面，确实不公平。但是从另一个角度想，一个才十二岁的孩子就长了脑瘤，上天不是也不公平吗？你怎不想想自己幸运的地方而感恩呢？”

孩子，你愈大，愈会发现这世界上有许多不公平。对那些不公平，你或是强力去抗争，如同美国黑人争民权一样，用上百年去争取；再不然你就要把那愤怒化成力量，在未来有更杰出的成就，以那成功作为“实力的证明”，也用那成功对你的敌人做出反击。

但是记住：

你可以化悲愤为力量，但你不能怨恨，因为怨恨只可能使你更偏激、更不理智，甚至造成更大的失败。

写作
写作一点也不难

说话、作文，要有“思想方法与重点”。无论说话、写作、采访，先想“人地事时物”，再加上动态、声音和色彩……

当我建议你练习“即席演讲”的时候，你皱着眉头说：“我不是不会讲话，只是比较慢，要先想半天，才能说得好。”所以给你上中文课时，我指着窗前的芭蕉树，叫你以《芭蕉》为题，做个“短讲”，而且为了训练你的反应，我连一分钟都不让你准备，立即要你开口。

你说了，虽然没有结结巴巴，但才说几句，就停住，说“想不出什么好讲的”，使我觉得有必要教教你说话和作文的“思想方法与重点”。

对的！那是“思想方法与重点”。你会发现，当你知道了方法，就什么主题都难不倒你了。

那方法不是由我发明，而是我在做电视记者时学到的，也就是掌握“人地事时物”的重点。

好比今天《芭蕉》这个题目——

“人”是你和爸爸。

“地”是窗前。

“事”是种芭蕉。

“时”是种的时间和不同的季节。

“物”是芭蕉。

于是，你可以说——

春天，爸爸在窗前种了一棵芭蕉，没几个月，就长得高过了窗子。大大的芭蕉叶，逆光看去，绿得像是翠玉。下雨的时候，雨水打在叶子上，滴滴答答，疏疏密密，那节奏真美得像音乐。但是秋天，才冷几天，芭蕉的叶子就一一变黄，先是黄得艳，好像枫叶一般，接着则成了焦黑的颜色。爸爸说“一叶生，一叶焦”，因为那枯了的叶子像烧焦的，所以称为“蕉”……

我说芭蕉枯了怎么办呢，眼看这芭蕉就要死了。爸爸则指着树根说：“别操心！你瞧，这下面不是已经有小苗长出来了吗？老的还没走，小的已经生了，这芭蕉就像人哪……”

回头看看这篇东西，不是把“人地事时物”全放进去了吗？再加上色彩和声音，画面就一下子生动了起来。

好！现在让我们再以《大雁》为对象，把“人地事时物”和“声音”放进去，做个短文——

“人”是我。

“地”是湖上。

“事”是大雁来了。

“时”是季节的变化。

“物”是大雁。

你几乎只要按照顺序，就能组合出一句话——

我看到湖上飞来许多大雁，就知道冬天要来了。

如果再加上一些想象和色彩，则能变得更丰富——

夜里听见窗外传来嘎嘎嘎嘎的叫声。早上推开窗，发现原先空空荡荡的湖面，一下子多了许多大雁。它们都是脸颊上有一块黑的加拿大雁，春天的时候飞到北方繁殖；夏天过去，小雁长大了，天也变寒了，就一起再飞往南方过冬。

这里的湖，是它们过境的地方，只会待上两三个礼拜，它们就要再一次地远行。所以，每年我只要看湖上大雁的来来去去，就能知道春天来了、秋天到了。

我最爱看黄昏时雁群在天空练习飞翔，它们一边飞一边叫，好像彼此呼应着："要跟上哟！别飞丢了哟！"于是我猜，很可能是雁爸爸雁妈妈在叮嘱孩子，孩子又回答爸爸妈妈："放心！我会小心的。"

我更爱看夕阳中雁群降落，它们早早就开始不再振翅，慢慢向下滑翔，落到水面的刹那，又把翅膀高高抬起，啪啪猛拍。接着，水上激起一片波纹，斜斜地映着晚霞，闪出点点金光……

不是简简单单，无论你用写的、用说的，都能引人入胜吗？

为什么？因为首先你没有忽略“人地事时物”，又用大雁的叫声、振翅、滑翔、波光和晚霞，使画面变得生动。

所以写文章不难，人家叫你即席致辞也不难，只要你依照那个路线思考下去，就能一气呵成。

好！让我再考你一个稀奇的题目吧——《传真机》。

请你以《传真机》为题，说一段话。

想想，“人”是谁？是你。是爸爸。是妈妈。

“地”是放的地方。传真的地方。

“事”是传真。

“时”是什么时候传。何时买的机器。

“物”是传真机、文件、图片。

现在，你先别往下看，想想自己能不能构思一段？

如果仍有困难，就让我举个例子——

我们家很早就有了传真机。爸爸说，有传真机，许多事情都变得方便了，文件、图片，以前都要邮寄的，现在即使隔着太平洋，也能一两分钟就传到手上。

传真机放在爸爸书房，因为跟我的房间只有一墙之隔，所以我常可以听到传真机嗒嗒嗒嗒的

> 声音。爸爸在中国台湾的时候，总在夜里传送信件给我，我躺在床上，一听见传真机响，就会想，那不是传真，而是爸爸在说话；就会想，明早醒来，又会有一封爸爸给我的信躺在书桌上……

孩子，你说，不是非常冷门的题材，你也能应付了吗？

“人地事时物”，这是记者写新闻稿时必须列入的内容。

一个粗心的记者很可能写了一大篇运动会的报道，记录了一堆得奖名单，却因为忘了写运动会的地点，而成为败笔。

一个作家很可能写出很感人的追悼的文字，却因为没提逝者的年岁而显得美中不足。

一个展览的新闻稿，很可能因为漏写展出的时间而造成观众的困扰。

记住——

无论说话、写作、采访，先想“人地事时物”，再加上动态、声音和色彩，就好比盖房子，先要有好的地基和建材，再加上漂亮的装潢设计，就一切妥帖了。

听我说这么多，你还觉得“即席演讲”和写作有那么困难吗？

精简
正一与负一之间

好好选书读。因为多读一本坏书，也就浪费了能读一本好书的时间。负一和正一的差距，不是一，而是二！

许多年前，我看过一部美国的爱情电影，片名不记得了，但是对其中饰演记者的史宾塞·屈赛却印象深刻。

剧中史宾塞爱上一个新闻系的女教授，跑去旁听她的课。女教授考试，先把新闻重点告诉学生，再要学生写成新闻稿。

史宾塞没两个小时就完成了，交上去。

女教授笑笑，认为史宾塞一定在开玩笑，但是当她拿起来，看一眼，就愣住了，接着宣读那篇新闻稿给全班听。

才几句话，就念完了，但是在这不足百字的文稿中，史宾塞已经把所有新闻元素都清清楚楚地传达出来。

我看电影时年岁还小，不懂，心想什么文章能让那女教授一眼就刮目相看，短短百字如何能表现出功力？一定是电影夸张。

但是等我当了记者，每天写新闻稿之后，就愈来愈觉得要想把稿子写得精简是门大学问。尤其因为我做电视记者，播出时间有限，加上广告，主编把每则新闻都限制在极短的时间里。常常跑完新闻，进办公室听到的第一句话就是："只给你三十秒哟！今天已经满了！"

天哪！我可能花整个下午跑一条新闻，回来却只能写三十秒，那不过一百多字啊！

这时候就见真章了！

我说这番话，是因为今天要教你什么是"精简"。

让我先给你一篇东西——

有个小男孩，他的爸爸在他六岁的时候就死

了。这个小男孩的名字叫大毛，这个小男孩的妈妈只生了他一个孩子，他的妈妈一直没有再嫁。小男孩家里很穷，但是小男孩很要强，努力用功，成绩从小到大都很好，总拿班上第一名。小男孩后来得到美国大学研究所的奖学金，出了国，而且拿到生化博士，拿到博士时小男孩已经是个青年了，那时候他二十七岁。

乍看，这篇文章还不坏，但是你仔细想想，是不是里面说了好多废话，可以精简得多呢？譬如你可以写成：

六岁丧父、母子二人相依为命的大毛，人穷志不短，不但从小总是班上第一名，而且获得美国奖学金，二十七岁拿到生化博士。

前后比一比！前面那篇文章一百五十八字，后面只有五十六字，虽然相差近三倍，内容不是一点也不少吗？

为什么？

因为简练——

单单“母子二人相依为命的大毛”这十一个字，已经告诉读者：那是个小男孩，他长在单亲家庭，他妈妈只有他一个小孩，他的妈妈一直没有再嫁……

还有最后两句话——

“获得美国奖学金，二十七岁拿到生化博士。”

不是足以取代“小男孩后来得到美国大学研究所的奖学金，出了国，而且拿到生化博士，拿到博士时小男孩已经是个青年了，那时候他二十七岁”吗?

在这个瞬息万变的时代，简练是非常重要的。写文章要简练、说话要简练，做事更得简练。

记得我有一年去某国观光，离开时，到机场，发现排了两条长龙。

我照牌子上的指示先排一条队，等了很长时间才到柜台，原来是交机场税；接着赶往另一条长龙，又排了近二十分钟，原来是交都市特别税。

当时听到许多观光客抱怨：

“为什么不一起交？不是可以省下很多时间和人力吗？”

我还记得以前在中国台湾外出，也要先排队交机场税，再在出关口的时候把收据交给机场人员。所幸经过民众多年抗议，不久前终于简化，方法很简单——

买机票时就附加了机场税。

多么简单啊！这么小小一个改变，不知省下旅客多少时间、省下机场人员多少劳动力。

孩子，这世上可以简化的事太多了。只有那些懂得去芜存菁的人，能够创造出好作品；只有那些知道精简人事的公司，能够有竞争力；只有懂得化繁为简的学生，能够有过人的表现。

著名的美学家朱光潜说得好——

好好选书读，要知道读了一本坏书，也就浪费了能读一本好书的时间。

我要讲：

好好利用时间，你多写一个赘字，就少了一个使文章内容更丰富的机会；你多啰唆一句话，就失去了说一句有意义的话的机会；你多浪费一分钟，就失去了把握这一分钟的机会。

而且你要知道，负一和正一的差距，不是一，而是二！

作弊
心里有鬼的时候

有太多人，原先不作弊，只因看别人不劳而获，心里不平，由心痒到手痒，最后也“上了船”。我知道你不齿作弊，但不能不说这番道理，因为它可能让你受用一生。

“不公平！不公平！”

你一进门就喊，原来是体育课考“仰卧起坐”，由学生自己做、自己数，再报给老师登记。

“好多同学根本做得不标准，还没坐起来，已经躺下去，还没躺平，又坐起来，也算。”你嘟着嘴说，“报的时候还偷偷加几个。害我跟他们比起来，好像特别差的样子。”

接着，你说了一堆同学作弊的例子，而且愈说愈气。

孩子，你有什么好气呢？随着年龄增长，你可能见到的作弊会更多。因为小时候，学的东西少，大家很容易应付，上了高中，要学的知识愈来愈多，那些应付不了又希望拿好成绩的人就可能作弊。

我学生时代，也见过不少作弊高手，说几个给你听吧！

我高中班上有个同学，每次语文科考默写，他都早早到校，先用钢笔在桌子上抄一遍。

他不只是写哟，写完之后还站在桌子上踩，课桌上蒙了一层灰，免得老师看见下面的字。等到考试的时候，考哪一段，他就对着那段哈气，已经干了的钢笔字迹，一哈气，就显现出来。有一回他哈得太凶了，监考老师还跑过去问他是不是哮喘病发作，要送他上医院。

提到监考老师，让我想起大学联考，有一题——中国最早的毛笔出现在什么时候？

我有个朋友，不会，就用手捅前面的人，一边捅一边小声问：“笔，什么时候？”

那被捅的，先不作声，接着把一支钢笔隔肩递了过来，结果被监考老师看到，我这朋友只好假装打开递来的钢笔，硬挤几滴墨水在自己的笔里。

偏偏他的笔已经满了，几滴墨水全滴在了考卷上。

再说个更有趣的事给你听——

联考前，我有个同学做了个十分精致的不到四厘米宽的“旋风装”小抄，上面用工笔小字，写得密密麻麻。

我当时叹为观止，请他考完之后送给我收藏。

只是，联考完了，他却迟迟没给我。有一天，我问他要。

“扔了！”他一摊手。

原来，当他走出考场的时候，看见地上有个小纸片，拾起来，吓一跳，是个小抄本子，居然比他那个还精巧。

他一气，就把自己的小抄扔了。

好！爸爸的笑话说完了。

表面看起来，那些同学都很会作弊，但是你知道结果是什么吗？

结果是：

占小便宜，吃大亏；得不偿失。

大学联考做小抄的同学，考了三次，好不容易进了一所学校，却在毕业前两个月因为作弊被勒令退学。

爸爸的这些同学，我至今都有联系，甚至在写这篇文章之前，还打电话给其中一位，问他我能不能写。

他说可以，还半开玩笑地说了一段感性的话：

“其实何必作弊呢？作弊只是拿一时的分数，却没得到真正的学问。我后来想想，如果用做小抄的时间好好念书，恐怕分数还会高些，因为作弊紧张，看小抄都看不清，又一心想着作弊，原来会的也不会了。”他长叹道，“作弊真是害人不利己的事！如果我作弊得高分，让别人落榜，我是害了人；如果我作弊，不踏踏实实用功，学问不如人，是害了自己。”

最后，我再讲两个新闻给你听——

第一个新闻：

有一个偷巴格达博物馆的男人被抓。

“我起先只是看别人抢、别人偷，愈看愈觉得手痒，于是也跑了进去，进去才发现贵重的东西全没了，只好随便拿了两样，结果进去最晚出来最慢，反而被抓。”那男人辩白。

他偷的东西虽不值钱，却被判了重刑！

第二个新闻：

几个军校的学生考试作弊被抓。

“大家都作弊，为什么就我们倒霉？”那几个眉清目秀，甚至得过楷模奖的准毕业生，在亲友的陪同下开了记者会，请求谅解。

但作弊就是作弊，他们还是被勒令退学。

孩子，你知道我为什么讲这两个新闻吗？

有太多人，原先不作弊，只因看别人不劳而获，心里不平，由心痒到手痒，最后也“上了船”。

希望你能了解爸爸说这一番话的道理。我知道你不齿作弊，但不能不说这番道理，因为它可能让你受用一生。

比赛
多抓几把豆子

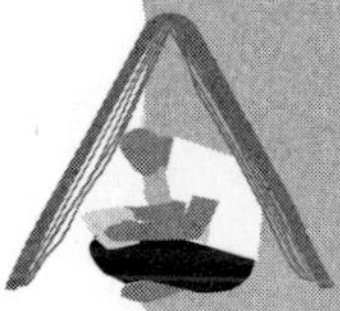

有悲剧性格的人，最要学习的就是在比赛之前“悬空”，比赛之时“拿起”，比赛之后“放下”。

晚上，我从台北打电话回纽约，妈妈说她刚跟你通完电话，你的情绪不太好。原因是上课时，老师叫了四个学生上去表演，第一个就叫到你，你原本练得非常好，但是上台却表现不佳。

孩子！我发现你一直有患得患失的毛病，而且从小就看得出，每次考完重要的考试，你回家总不高兴，说自己考坏了，可是成绩出来，却往往是全班甚至是全校最高的。

春天你考纽约州的音乐鉴定也一样，回家之后闷闷不乐，说自己拉错了一个音。爸爸妈妈都说你是瞎操心，后来果然证明如此——你考了一百分。

其实我也不能笑你，因为我也有这毛病。从小到大，我总是低估自己，每次参加联考，回来都认为完蛋了，放榜之后却又常有意外的惊喜。

大概这就是凡事都往坏处想的悲剧性格吧——

大晴天办活动，还要准备帐篷，唯恐突然下雨；买回一条新裤子，总要细细检查裤裆，唯恐没缝好，出去穿了帮；上车之后要多检查两次车门，唯恐没关好，一转弯就摔出门去；明明是太平盛世，又有社会福利，还总要在银行存许多现款，以备不时之需。

这患得患失的悲剧性格，确实会使我们常不开心。可是从另一个角度想，能总是退一步、未雨绸缪不也是优点吗？一个人如果能常常不安、常常自觉不足，从而处处反省、多多充实，不是可以有更大的进步吗？

当然，悲剧性格也可能造成坏的影响。譬如，当大家都欣赏淡水河上的月夜星空时，他可能会慨叹河水的污染；

当大家都欢庆比赛胜利的时候，他可能会开始担心下一次比赛。更糟的是，许多人一边考试、比赛，一边悲观。于是一个考生可能才写几题，碰上不会的，一紧张，下面原来会的也不会了；一个溜冰选手，可能才在第一个三周跳摔了一跤，就不断在心里念着“完了！完了！”造成恶性循环，而连着摔跤。

所以，悲剧性格可以有，但要利用它来强化自己，而非将“不安”累积，到最后压垮自己。我们常说要“拿得起、放得下”，有悲剧性格的人，最要学习的就是在比赛之前“悬空”，比赛之时“拿起”，比赛之后“放下”。我不止一次说“总回头的人不可能跑得快”，就是这个道理。

如前面所说，我从小也有患得患失的毛病，你猜我是怎么学会放下的?

相信你一定记得我曾经举过一个例子——

罐子里装了千颗混合的豆子，白色和黑色各占一半。当你只抓起三颗豆子时，可能会二白一黑或二黑一白，也可能三颗全是黑的，或全是白的。但是当你一次抓一大把的时候，数下来，比例就会跟一比一差不多了。

从这件事我发现，如果怕自己临场失常，演讲讲不好、考试考不好，不能显示自己真正的实力时，最好的方法就是多讲几场、多考几次、多试几回。

你想想，如果你只有一场演出，你成了就全成了，败了就全败了，你会多紧张？但假使你有十几场演出，你还会那么计较吗？

这场失败了，没关系！反省改进之后，接着还有一场。渐渐地，你觉得那演出、比赛或考试，都成了家常便饭，你当然不会紧张，实力也就当然能发挥了。

我甚至看过一个女孩子，连着几年不断参加选美比赛，屡败屡战。当时我暗想，她就长得这个样子，怎么比也不会变得更漂亮，甚至一年比一年老，何必呢？

问题是那女孩子一次比一次进步、一次比一次有台风、一次比一次机智问答表现得好，她硬是选上了第一名。

孩子，你想想，连参加选美比赛，多参加都能愈来愈有进步、愈来愈展现实力，何况音乐的演出呢？

所以我建议你，一次抓一大把豆子，尽量参加表演，一有机会就上台，而且就算表现不佳，也立刻把那懊恼与自责放在脑后，接着迎向下一个演出，你自然就会愈来愈稳了。

噢！对了！妈妈说，你发现在音乐营住的宿舍原来不是马棚，而是鸡舍改装的。

真有意思！希望里面没有鸡的臭味，不过我倒是画了一幅漫画——《鸡舍音乐会》，寄去给你。

你不是说同学们都不识中文，只看得懂爸爸信上画的漫画吗？让他们看看这张画，看他们能说出多少好笑的东西。

作者给女儿的画：鸡舍音乐会

考试
坚持做你自己

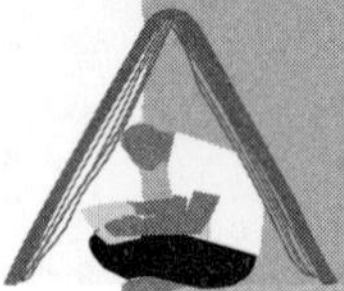

老师有时间考，没时间教；学生有时间“学”，没时间“习”——好像只顾吃，却没本事消化，当然不可能健康。

你奶奶在世的时候常说我的考运好，又讲：“这一定是因为祖上的阴功、父母的德行、自己的努力。”她还有个好笑的迷信，说我考高中的时候考场在成功高中，所以我考上成功；考大学的时候考场在师大附中，所以我进了师大——要是我的考场在台大，就一定进台湾大学了。

每次你奶奶这么说，我都回她一句：“不可能，因为我一共只填了四个志愿，根本没填台大！”

当年大家都填几十个志愿时，我确实只填了四个，而且其中有三个是美术系。好多老师都说我开玩笑，但我知道自己在做什么，我知道我要的是什么，别人很难影响我。

我念书也一样。你一定听说过，我以前因为搞社团、参加演讲比赛，常休公假不上课，中间又因病休学一年，所以成绩很烂，初中高中都常常不及格，要靠暑假补考及格才能免于留级。

我参加学校的模拟考试，也从来没上过榜，唯一一次榜上有名，还是备取。问题是，高中我考上成功，大学上了师大，那些每次模拟考试都金榜题名的同学，反而多半不如我。你猜，那是因为什么？

那也是由于我知道自己做什么、自己要什么，我有自己的读书计划。就像联考填志愿，我不理会别人，只要自己认为对，就坚持走下去。

譬如模拟考试，从初三上学期就开始考，每个月一次，每次都有一定的范围。但因为学校的范围太大，第一个月，考一年级全部；第二个月，考二年级全部；第三个月，考一、二年级全部；第四个月，连三年级教过的一起考。但是我功课本来就烂，一年级、二年级没好好念，不可能准备好，所以我读书的进度总是落后，当模拟考试已经考五本教科书的时候，我才准备了两本，也因此每次都落榜。

只是，我并不在乎同学嘲笑，也不理会老师骂，我自己有计划好的进度。我用“剩下的日子”除以要准备的每个科目，算出每一科能用多少时间复习，到考试正好可以看完。

结果，我成功了。那些天天上补习班，好像很棒的同学反而有很多失败了。

后来我和那些失败的同学讨论，得出个结论——他们失败，败在没有自己的计划，而一味赶模拟考试的进度。他们拼命赶、拼命念，好像都念得很熟了，模拟考试也都得到高分；问题是他们没有精读，每次复习时，翻一翻课本，画得红红蓝蓝、写得密密麻麻，好像都没问题；等到真正“上战场”，却发觉对许多东西已经不那么确定。加上好多同学每天赶两班车去老师家补习，还要到学校上课，体力透支太多。老师有时间考，没时间教；学生有时间“学”，没时间“习”——好像只顾吃，却没本事消化，当然不可能健康。

那些去老师家补习的同学，又因为老师放水，把学校将考的题目先做过一遍，每次都考得好，在学校可以傲视群侪。他们甚至活在一个假想的“已经金榜题名”的世界，等到面对真正的考卷，才发现好多东西没念到。

所以有很长一段时间，我是反对学校办太多模拟考试的。我觉得模拟考试固然该办，但不能早早办；就算早办，也要细细规划，不能一次考太多，宁可让学生像砌砖墙，一块一块来，到时候正好砌成一堵好墙，也别早早就做成像入学考试一样，涵盖全部三年教学的内容，造成学生拼命赶进度，结果博而不精。

我在台北学乒乓球，也有这样的感触。刚去的时候，我自以为已经打得不错，只要学学削球、搓球、杀球就成了。没想到教练一切从头来，连我哪只脚应该在前都管。打球的时候更麻烦，什么“大臂小臂”“大框架”“松执拍活运腕”“卡磨提举”……一堆术语，我甚至觉得他把我像小娃娃一样教。

问题是一路学下来，我硬是有了新的领悟；回到纽约，跟老球友比画，硬是令人刮目相看。想想，教练按部就班的教法，不也跟我准备高中和大学入学考试一样吗？

求学最忌躁进，为学最忌随俗，处世最忌盲从。我非常欣赏美国人常说的“I know what I am doing（我知道我在做什么）”。那句话不是在别人劝说时用来做挡箭牌的“自以为是”，它真正的精神是认定目标，锲而不舍地做下去。

孩子，你知道我为什么说这许多吗？

那是因为我听你妈妈讲，你听宿舍里别的同学练习，发现他们进度比你快，你怕自己太慢，有些忧虑，所以我隔海传真这封信给你。

只要你自认尽了最大的力，只要你有自己的计划、一定的进度和自我的要求，就不用管别人。

我又要引一句你奶奶的话了——一听打鼓就上墙头的孩子，不可能有了不得的成就。

靠自己去成功！

你是你，坚持做你自己，最后的成功一定属于你。

后记

Education 是“爱到开心”

二〇〇三年六月二十号，在电视上看到一个惊人的新闻——

一对双胞胎姊妹，因为高中入学考试没考好，竟然联手毒死了父母，然后拿着父母的钱到处玩，被抓之后还说她们经历了从来没有的自由。

接着，我回到台北，又看到一则惊心的报道——

一名小学四年级的女生，可能因为学业压力过大，出现了圆秃的症状。所幸同一版，还有一则令人欣喜的消息—— 一个女生数学考试每次都在零分到二十分之间，总是要补考；参加大学联考落榜，数学更惨，只得了四分。由于学业压力太大，导致她重度焦虑，每天不断擦鼻涕，一天能用掉一盒纸巾，还不自觉地拔头发，拔成圆秃。可是“剧情”急转直下，那位女生后来自己申请到美国的学校，到美国之后，发现大学的数学程度跟国内初中的差不多，她的数学居然拿“A”。接着一路念上去，不但得到加州大学伯克利的企管硕士，现在更拿到英国皇后大学的心理学博士。

又过了几天，我请两个过去跟我习画的学生吃饭。一个是有名的影评人，初中成绩不怎么样，但是大专毕业到美国修电影，以优异的成绩拿到硕士，而今已成为金马奖的评委和名剧作家；另一个是初中时因为重度忧郁，由老师带到我办公室，请我辅导的学生，虽然她在初中时成绩很不好，后来到美国读高中，七年下来，不但健康快乐，而且成绩优异，申请到奖学金，马上要进研究所了。

再过几天，碰上初中基本学力测验。考试才完，就听不少家长抱怨学测题目太简单，简单得使他资优的孩子考得很惨。

“因为他不相信会那么简单，心想题目里一定有埋伏，想得太多，到后来反而弄错了。”好几个家长都怨这种题目考不出程度。

妙的是，这让我想起离美前，女儿说她数学期末考试，有一题老师没教过，但是去校外补习的同学都会。老师说因为没教，所以不算分。那些会的学生抗议不公平。老师居然回答："如果我算分，变成鼓励你们去补习，才是真的不公平。"

初中学测的题目其实出得很活。看得出主试者希望让学生读活书、不要死背，进而用这"活的题目"逼学校老师把死板的教学方法改掉。

只是，如同那些向我诉苦的学生家长，当他们发现老师教得浅，会不会抱怨呢？当他们发现老师给的功课，孩子们三下两下就做完了，他们会不会不安，会不会怀疑老师偷懒？

还有，学校出题的老师，如果出得太简单，不能把别的老师比下去，甚至让别班都被考倒，会不会显得太"逊"？

宁严勿松，宁深勿浅！于是补习班十年增长六倍，老师与家长上下其手，一起"修理"孩子。孩子们被"修理"得早上顶着星星月亮出门，晚上顶着月亮星星回家。因为压力太大，头痛、肚子痛，总是起口疮，拔秃自己的头发，甚至从楼上一跃而下……

请问，这是谁害的？恐怕不只是教育政策害的，也是家长和学校老师害的吧！

在《做个快乐的读书人》里，我举过一个例子——

高中时代，有一天我去台北的新南阳戏院看电影，大概因为被挡到一点点，前面有人把书垫在屁股下；中间的人就把椅子折起来，坐在折的地方；中后方的人更进一步，坐在椅背上。至于我，则跟后面的人一样，站到了椅子的扶手上。

今天的教育不正是如此吗？家长只因为别人孩子补，我孩子就不能不补；老师又因为多半的孩子都先补了，于是教的时候“随便带过”。结果恶性循环——穷死家长，累死孩子，挤死补习班。

而那一切问题不都是由“戏院里有人把书垫在屁股底下”开始的吗？如果主试者都能像我女儿的老师，只要超出范围，就算大多数学生都上补习班，都会，也不给分；如果主试者总是出灵活而实用的题目，当人们发现“补”和“死背”并没什么大好处，不是就都能安安静静“坐下来”，享受一场好戏了吗？

真正要紧的是，只有这样，学子们得到学习的乐趣，因为好学、好奇、好强，主动学习，那学到的东西才能“入于心”，学生的潜能、想象力和创造力也才能发挥。

记得我儿子多年前曾对我说，中文真奇怪，为什么“玩球”(play ball)要说“打球”？为什么“玩钢琴”(play the piano)要说“弹琴”？害他一直都在打、在弹，直到高二才领悟到：打球的目的不应该是赢别人，弹琴的目的不是跟钢琴对抗。玩！让自己快乐才重要！

可不是嘛！我们为什么总逼孩子“苦读”，而不让他们自己逼自己“乐读”？

Education 是“爱到开心”啊！

我绝不敢说自己的教育方法最好，只能讲我用的是不逼孩子、让孩子自己发挥潜能的“爱的教育”。希望读者在字里行间看到的不只是我与女儿之间的小故事，更能见到我在那些“事件”背后希望表达的东西。

从《做个快乐的读书人》《小姐小姐别生气》，到这本书，我都暗自有个目的，就是将美国教育值得我们借鉴的地方呈现出来。正因此，在这本书里，我提到女儿学校毕业旅行的行为规则，希望大家看看其实美国的教育非但不放任，有时还来得更严格，因为只有在大家守法的条件下，才能谈自由。我也在书中再三提到，自由是以不妨碍他人的自由为前提。当孩子要求自由自主的时候，更应该对家庭和社会负起责任。

我更强调的是，家庭和学校是延伸向社会的，所以既然年轻人到社会上，别人不会为他读书睡觉而关上电视，为考虑他有应酬而不交代事情，他就该学会早早适应在喧闹的环境中读书、在应酬之间工作，甚至在同一时间办好几件事。

我是很宠孩子的人，正因为宠，所以我不会为她读书而关上电视，不会怕有危险而不准她去爬山，更不会怕她受苦而阻止她去“魔鬼夏令营”。

当有一天，她大了，要离开我，我会心疼，但不会心不安，因为我已经早早就把外面世界的门打开，让她看到好的，也见到坏的。

这本书脱稿时，正近八月八号父亲节。女儿从美国打电话给我，说她得到布什总统的奖状（in Recognition of Outstanding Academic Excellence）。我高兴极了，但是除了祝贺她、赞美她，又笑说：“别太得意哟！要知道，如果拿我们的初三数学题给你做，只怕你会不及格。”

父亲节，台北诚品书店的《诚品好读》编辑要我写封父亲节给儿子的信。我写了，信不长，但是颇能说出我对孩子整个成长所抱的态度，把它附在这儿，作为本书的结尾——

亲爱的儿子：

当你小的时候，我跟你打球从不让你，因为我希望你比我更强壮；当你上高中的时候，我要你去远在曼哈顿的史岱文森就读，因为我希望你独立；当你进哈佛的时候，我要你自己选择科系，因为我希望你决定自己的未来；当你拿到硕士时，我任你休学一年跑去阿拉斯加，因为我希望你自由。
而今，你做什么我都支持，因为我希望你快乐。
你快乐，我就快乐！

强壮！独立！自由！快乐！
普天之下哪个父母不这么希望？

附

录

大颈南初中毕业旅行的行为规则

我觉得女儿学校的毕业旅行的行为规则制定得蛮好，
尤其是礼貌、负责、尊重和诚实的精神。
附在这里给大家参考。

为了要有一个美好而安全的波士顿之旅，所有参加这次毕业旅行的同学都须遵守以下行为规则：

同学们应自重并尊重别人

* 以谦恭有礼的态度待人，以示尊重他人的感觉及想法。

* 尊重别人的权益。

同学们应表现出责任感

* 做应该做的事以示负责。

* 要准时。

* 要合作。

* 要记得我们所在之处，就是我们学校和社区的延伸。

* 当老师在讲解时，一定要保持安静。

行为准则

作为一个负责、尊重、诚实的学校一分子，以下行为是绝对不允许的：

* 任何违法的行为。

* 严禁拥有、使用、分发任何违禁品（例如烟、酒、麻醉药物等）。

* 任何武器及会伤人的物品也是严禁的。

* 任何会伤害到自己或他人的行为。

* 与其他同学身体的接触。

* 骚扰。

* 任何性行为或乱交。

* 任何暴力行为。

为安全起见，如有触犯以上任何规定，处罚如下：

a. 禁止参加旅行中的活动

b. 中止旅行

c. 家长负责到波士顿来把孩子接走

其他规定

*所有学生的穿着、言行举止都要表现出学校的好名誉。

*贵重物品、珠宝请不要带，如果有人带MP3、数码相机、手机、CD、电子游戏机或任何电器用品，请自行谨慎保管并要了解：

a. 自己要带、自己负责

b. 老师不负责保管

c. 在用餐、活动及老师宣布事情时，不得使用

d. 在每件物品上，要清楚写上自己的名字

以上所录只是行为规则的一部分，供读者参考。由此可以知道美国学校并非放任学生自由，而是要求自制与自动。从某些方面看，比如中止旅行、家长负责去把孩子接走和禁止与其他同学身体的接触（连勾肩搭背都不可以），可能比中国学校的规定还严格。